保育園 幼稚園 こども園 1年間の 園だより巻頭言 実例 72

中山大嘉俊 編

教育開発研究所

❖はじめに
～ノウハウだけではありません　発想が広がります～

●あなたは巻頭言で悩んだことはありませんか？

　核家族化や少子化、保護者の孤立化などから、園や自身の子育てに不安を抱く保護者が少なくありません。また、保育をサービスとしか見ない保護者の増加、他罰化や一児豪華主義といった社会的な風潮と相まって、情報公開や説明責任などが求められることも増えました。さらには、悲惨な虐待の増加も憂慮されます。こうした園をとりまく状況の変化を背景に、園の理念や目標への理解、保育内容や取り組みの認知度を高めるなど、園の基本姿勢を発信する巻頭言の役割はますます重要になっています。積極的に主張しなければ分かっていただけない時代になったのです。

　しかし、いざ書き始めると、伝えたいことを分かってもらうにはどう書けばいいのだろうと毎回悩まれる園長も多いのではないでしょうか。さらに、伝えたつもりになっていたということも考えられます。

●行事だけでなくトピックも！　すぐに役立つ文例をたくさん掲載

　本書は、1年間の標準的な行事・イベントだけでなく、幼児教育に関するトピックスや子育ての悩み等をテーマにした巻頭言の文例を、保育園・幼稚園・子ども園の経験豊かな園長等が執筆しています。

　1テーマごとに園種の違い等を踏まえて複数の文例を掲載しました。さらに、自分流のアレンジに役立つように、それぞれの文例にポイント解説…①この巻頭言で伝えたいこと、②工夫点、③注意すべきこと、④補足資料・その他…を提示して巻頭言を書く際に使いやすいようにしています。本書は、次に示すように、三つの章で構成しています。

第1章：こころに残る巻頭言のつくり方・伝え方

　まず、読んでみたいと思ってもらえること、そして、次も楽しみにしているという巻頭言を書ければ最高ですね。

　そのために、これだけはおさえておきたい基本的なことがらや留意点を中心に解説しています。この章では、巻頭言の役割・効果、巻頭言を書くうえ

でベースに持っておきたいこと、話題・テーマの選定、盛り込みたい要素、話題の探し方、人権上留意すべき事柄などを収録しています。

第2章：行事・イベントごとに見る巻頭言実例とポイント解説

保護者がいちばん知りたいのは「わが子が園でどのような活動をし、どう育っているか」でしょう。

ここに掲載した文例では、遠足やお誕生会、運動会、生活発表会といった毎月ごとに想定される1年間の標準的な行事やそのプロセスで見られた子どものようすを中心に取りあげています。単に「がんばっていました」ではなく、印象的な発言や具体的な姿、エピソードなどから子どもの気持ちの動きや気付き、また、できるようになったことなど園としての成長への見方・考え方を示すことで、子どもの育ちについての見方・考え方を共有し、子どもの家庭での生活と園生活の連続性の確保を意図しているからです。

第3章：トピックごとに見る巻頭言実例とポイント解説

子育てについての悩みを受け止めて不安感を和らげたり、幼児教育に関するトピックスについて紹介したりすることも、子育てのパートナーである保護者との協働や信頼関係を築くうえで大切にしたいものです。

この3章では、子育てに対する保護者の悩み、幼稚園教育要領・保育所保育指針、幼児期の終わりまでに育ってほしい10の姿、安全・安心、非認知能力など、今、注目されているテーマについての文例を掲載しました。保護者の思いに寄り添い、子育てに対するポジティブな感情を高めるような巻頭言を掲載しています。

●オリジナルの巻頭言が書けるだけではありません

本書の文例に書かれた子どもの姿は、同じ保育に携わるあなたを楽しく豊かな気持ちにすることでしょう。また、掲載した文例を目の前の子どもの姿と重ねて読んでいただくと「なるほど」という思いと同時に「自分ならこう書く」というアイデアが浮かんでくるはずです。さらに、スピーチに活かすことや他園の取り組みを自園に取り入れることもできます。さまざまに活用してくださることを願ってやみません。

2022年10月　編者　中山　大嘉俊

5

3章　トピックごとに見る巻頭言実例とポイント解説

1章

こころに残る
巻頭言の
つくり方・伝え方

保護者と園をつなぐ 巻頭言の書き方とポイント

武庫川女子大学特任教授　中山　大嘉俊

1　巻頭言の役割・効果は"共感"と"協働"

　スケジュールや持ち物といった「お知らせ」とは異なり、巻頭言は、「園の思い」を伝えることに主眼がおかれています。園生活を見えやすくする情報や保護者が知りたい情報を提供することで、子育てについての保育者と保護者のベクトルの向きが同じになることへの期待が込められています。巻頭言には、次の役割とねらいがあります。

（1）　子どもの育ちを支えるパートナーシップづくり

　園の理念や目標への理解、保育内容や取り組みの認知度を高めることに努めます。子どもの育ちについての見方・考え方を共有し、子どもの家庭での生活と園生活の連続性を確保します。

（2）　子育てに対する不安感の払拭

　核家族化の進行や第一子が多いことから子育てに不慣れ、働きながら子育てをされている方が多くなっているなど、保護者の負担も大きくなっています。保護者の思いに寄り添い、励まし、子育てに対するポジティブな感情を高めます。

（3）　教職員の共通理解の深化

　巻頭言をネタに保育者に子どもの姿や成長への見方などを議論してもらいます。保育者は、そのことを通して、保育や園長の考えへの理解を深めていきます。そして、子どもの見せる姿がどのような力につながっているのかなどを具体的に保護者に伝えることができるようになっていきます。

　なお、巻頭言などで「園の思い」をアウトプットするには、さまざまな情報をインプットする必要が出てきます。園長にとって"学び"

続けることになり、保育者に範も示せます。園長自身の軌跡にもなりますので、巻頭言をまとめて製本される園長もおられます。

2　大切にしたい保護者の"実感"と"納得"

　保護者の知りたいこととのミスマッチがあれば、園が一生懸命に取り組んでいることやその意図、思いが伝わらないことも多いものです。保護者のいちばんの関心は、どんな行事・活動をしているかよりも、目にすることができないわが子の姿……「毎日楽しく過ごしているのか」「保育者とどのように関わり」「どんな経験をし」「何ができるようになったのか」などでしょう。次のような視点を大切にして、子どもの育ちの喜びや楽しさ、成長の過程を巻頭言で伝えるようにします。

（1）　保護者を対等なパートナーとして見る

　一般に園からの情報提供は、「保育や子育てはこうあるべき」「園はこう考えている」といった内容が多くなりがちです。「見える」化や説明責任、「親なんだからこれくらいしてほしい」を意識しすぎて、園からの発信が一方的な思い込みになっていないかを振り返るとよいでしょう。保護者に何かをしてもらいたいという気持ちを抑え、ともに悩み、ともに考え、ともに喜ぶという感覚を大切にしたいものです。

（2）　保育のねらいや子どもの成長をエピソードで語る

　「遠足で落ち葉拾いをしました」だけでは、園の保育への理解も満足もしていただけないでしょう。「『赤い手だ』や『トランプみたい』など形に興味を持って……」など、夢中になって探究している様子や気付き、子ども同士のやりとりといった具体的な内容を加えます。

　ふだんの保育や行事について、ねらいや保育者の関わり、子どもの心の動きや成長、今後の見通しなどを、子どもを間近で見ている園長だからこそ語れる具体的なエピソードを通して説明しましょう。

（3）　保育のプロセスを伝える

　たとえば、運動会での保護者の関心は「わが子が上手にお遊戯ができたか」といった結果に向かいがちです。練習を通した成長のプロセ

スが保護者には「ブラックボックス」になっているからです。

　練習時に見せる子どもたちの一生懸命さ、悔しさや喜び、友だちとの助け合い……、子どもたちがどのように豊かな体験を積み重ねてどんな成長を遂げてきたのか、保育者がどう関わってきたのか、そのプロセスを伝えることで園の保育への理解も進むでしょう。同じ演技を見ても、保護者の意識が違ってくるはずです。

（4）　足らずよりもよい面に目を向ける

　子どものマイナス面よりもプラス面に目を向ける、それは保護者に対しても同じでしょう。そうすることで子育てに良循環が生まれます。

　また、「日々お仕事と慣れない子育てをがんばっておられますね」と寄り添う姿勢を表したいものです。とくに「自分は子育てができていない」という自責傾向が強い保護者は、「園は説教ばかり」と身構えてしまいがちです。「応援しています」という保育者の思い、肯定的な眼差しを分かってもらうことが、保護者との関係づくりの土台になります。

　なお、若手保育者が多いと不安を抱く保護者もいます。担任と保護者とをつなぐのも園長の仕事です。担任の思いや園全体で高め合って取り組んでいる姿勢を伝えることも時には必要です。

3　話題集めは「何でも見てやろう」との精神で

　読んでもらえる巻頭言をと思ってはいても、昨年と同じ内容では園長自身もつまらないし、毎月のこととなるとネタも尽きてきます。

　どのようなことも、見ようとしなければ見えません。お友だちの「貸ーしーて」に「いいよ」と遊具を譲ってあげられるようになった子どもの姿、年長さんの組体操の練習を見て真似をしようとする年中さん、園のなかは心を動かされるものに溢れています。子ども特有の「好きくない」といった表現も、「好き」の意味と否定語の「ない」の用法が分かっているんだと考えると興味は尽きません。園長自身の「すごい！」「なるほど」といった感動や発見が、読み手である保護者の心

に響く話への第一歩です。

　子どもの姿はそのときの一瞬です。園長が見逃しても、担任の保育ノートには、子どもの姿が溢れています。保育ノートを活用することは、担任や保護者との会話にもつながります。

　また、足を運ぶ、人と雑談する、いつもとは違うことをすることで話材が増えます。さらに、職員に教育関連のニュースを配る、意味がよく分からない単語はすぐに検索する、ドラマを見る際に子どもに注目するなどを習慣にしていると、話材を自然に収集できます。

　集めた話材は、一度身近な人に話すと記憶に残ります。お勧めは、その場でスマホに写真とメモを残し、定期的に整理し心が動かされた情報だけ残すことです。また、専用のノート1冊に5W1Hとともに子どもたちの表情や雰囲気をメモしてストックするのもいいでしょう。

4　目的とニーズからテーマをしぼる

　4月なら入園後の悩みや期待、7月なら生活リズムと健康、運動会のある10月なら子どものがんばり、3月なら1年間の成長……。時期や行事にあわせてタイムリーなテーマを考えます。また、子育ての悩みや安全・安心、非認知能力や幼児期の終わりまでに育ってほしい10の姿など、保護者と一緒に考えたい話題も取りあげたいものです。

　巻頭言を掲載した園だよりを、1ヵ月に1度発行している園が多いと思われます。1年間のテーマを仮に設定してみましょう。また、痛ましい虐待の報道など今すぐに保護者と考えたいことがあれば、園長だよりを臨時に発行するなどの柔軟な対応を心がけます。

　ところで、テーマがたとえば「遠足」だけだと、中身が広すぎて何を伝えたいのか分からなくなってしまいます。テーマを園の教育目標、年度の重点を意識して絞ると、実践との一貫性が担保できます。

　テーマは、教育上意義のあるものであっても、保護者のニーズに適合していなければ、興味・関心が薄くなります。保護者の顔を思い浮

かべて子育てで困っていることなどをリサーチするのも一案です。保護者が感じている「落ち着きがない」「癇癪をおこす」といった悩みや玩具箱をひっくり返すといった「あるあるネタ」などと組み合わせると、共感されやすくなるでしょう。

5 読んでもらうには、まず"見た目"

　読んでもらえる巻頭言にするための構成と手順を、以下に示す例を基に考えてみましょう。

　まず、テーマに沿って保護者に伝えたい子どもの姿や思いなどを短冊に書き出すことから始めます。次に全体の構成を考えます。文の構成には、最初に理論や事実を示し、それを受けて自分の意見を述べる2段構成、序論・本論・結論の3段構成、起承転結などがあります。書くスペースも意識して構成を選びます。先に書き出した短冊を並べ替えたり、整理したりしながら、伝えたい内容が整合性、一貫性を持つようにしていきます。最後は文章化、そして推敲です。その際には、読みやすく・分かりやすくなるように、次のことに留意します。

(1) 「見た目」を整える

　漢字を使いすぎない、行間にゆとりを持たせる、適宜改行する、語尾を統一する、各部のバランスをとるなど。

(2) むずかしい用語は避け平易に表現する

　専門用語は必ず意味を説明する、保育士間だけに通じる"業界用語"は使わないなど。

(3) 「根拠」を示す

　意見がしっかりした「根拠」や「論理性」に裏付けられていることを示すため、事実とデータを活用するなど。

(4) 「シンプル」を旨とする

　1文を短くする、勇気を持って情報を削り盛り込みすぎない、イラストやレトリックを多用しないなど。

(5) 興味を引く見出しで誘導する

よい見出しの要素である、①シンプルで短い、②意外性がある、③具体的、④感情をゆさぶる表現などを組み合わせる。なお、見出しはゴシックか大き目に書くなどする。

（6）　声に出して読んでチェックする

文章が長い、リズムが悪いなど読みにくさを感じたら、その箇所を書き直します。また、5W1Hに照らし合わせてみるのもよいでしょう。

ところで、発行日の2週間以上前までに一通り書き終えて、いったん、寝かしておくようにできればベターです。書いた直後は自分の文章が頭に強く残っていて客観視しにくいので「冷却」時間が必要だからです。なお、他者にチェックしてもらうのも一方法です。

6　人権感覚を磨くことで安心と信頼を担保する

私たちが使う言葉は、時にヘイトスピーチのように差別や偏見を助長し、人の元気を奪います。結果的に固定的な見方を押しつけていたということもあります。知らなかったではすまされないことです。

これまで当たり前のように口にしていたクレヨンの「肌色」が、「うすだいだい」に置き換わって使われていることはご存じでしょう。自身の感覚を絶えず更新してどのような立場の人が聞いても、不快感、疎外感のない表現になるようにしなければなりません。

とくに、教育格差も含めた子どもの生活背景、保護者の状況がそれぞれ異なっていることに目を向けた配慮が必要です。一人親家庭の子ども、祖父母に育てられている子どももいます。たとえば「お父さん、お母さん」は大事にしたい言葉ですが、巻頭言では「保護者」でよいでしょうし、子ども全体に話すときには「おうちの人」で十分でしょう。

また、私たちは何気なく「○型は楽天的」「○○人はおおらか」と言ってしまいがちです。こういったステレオタイプ的な見方・考え方には注意が必要です。このことは「○○は優しいから〜した」といった表現でもいえます。「〜したから○○は優しい」と比べてみると全

く異なることが分かります。前者は固定観念ですが、後者は事実から判断したことを述べています。

　さらに、「〜はだめ」といった否定的表現を「〜しましょう」というポジティブな表現に置き換える工夫、一部のクラスの情報に偏らないようにする、人を短絡的に責めないといった配慮も必要です。

　上述した視点から巻頭言を点検していくことは、単に不適切な問題表現を言い換えるという作業を意味しているのではありません。改めて人権や配慮について問い直し、考える機会にするということです。そのような場を日常につなげることで、人権尊重の精神がみなぎる園づくりが進みます。子どもや保護者の信頼と安心につながっていくことでしょう。

2章

行事・イベントごとに
見る巻頭言実例と
ポイント解説

新しいスタート

　園庭の桜が満開に咲き誇り、今日の佳き日をお祝いしているかのようです。お子様のご入園、ご進級、おめでとうございます。

　子どもたちもご家族の皆様も今日の日を楽しみにしておられたことでしょう。

　本園は、直接体験を通して子どもたちに「生きる力をはぐくむ」を教育目標としています。幼児期の教育は、生涯にわたる人格を形成する基礎となる重要なものです。本園は次のような子どもをめざして子どもの教育を進めてまいります。

（1）　身近な自然や環境に進んでかかわり、自分のやりたい遊びを
　　　見付け、体験を通して、新しい発見をしたり、気付いたりする
　　　子

（2）　友だちと仲良く活動するなかで、互いの思いや考えを理解し
　　　合い、共通の目的の実現のために考えたり、協力したりできる
　　　子

等です。

　また、本園は、「子どもたちに育てたい五つの柱」として、①健康な体、②豊かな心、③やり遂げる力、④人とかかわる力、⑤適応する力を掲げています。

　これらのことは、子どもたちの日々の生活経験の積み重ねによって培われていくものであり、とても大事なものです。

　私たちは、子どもたちが豊かな経験を通して、幼児期にふさわしい生活ができるようさまざまな活動や環境を構成してまいります。

　幼稚園は子どもが主役です。「友だちと一緒に考え・学び合い・育ち合う幼稚園」をめざし、心と体の成長を促してまいります。また、子どもたちが安心して生活できる幼稚園をつくってまいります。

　保護者の皆様、地域の皆様、今年度もご支援、ご協力をよろしくお願い申し上げます。

ポイント解説

　子どもを初めて集団生活させる保護者が多いことと予想されます。子どもも保護者も期待と不安が入り混じっている心情であることが推察できます。

　そのような保護者を想定して、初めての園だよりでは入園や進級を歓迎するメッセージを第一に考え、必要に応じて園の教育方針を分かりやすくしっかりと伝えていくことがとても大事です。

（1）伝えたいこと

　歓迎のメッセージを大事にしたいです。

　園の教育目標については、入園説明会などで理解していると思いますが、改めて伝えることが大事です。教育目標は抽象的な言葉で示している場合が多いので、その文言の中身を具体的に伝え、子どもにどのような能力を身に付けようとしているかを示していくことが大事です。

　また、園の特色や子どもたちの様子をエピソードを交えて具体的に伝える等の工夫をすることも大事です。

（2）工夫点

　教育目標を具体的に書くときには、項目立てをするなどして、分かりやすく伝えます。また、ポイントとなることを専門用語はなるべく使わずに子どもの姿で伝える工夫をするように心がけます。

　また、園での子どもたちの活動の様子は毎日のホームページ等で伝えることを知らせることも考えられます。

（3）注意すべきこと

　初めの2〜3行は、園の草花や生き物のことなどを書いて、保護者が入園した喜びや期待感がもてるよう配慮することが大事です。温かい気持ちになるように工夫しましょう。4月号は入園して初めて読む保護者への通信です。園の温かい雰囲気が伝わるように優しい言葉でていねいに書くように心がけます。むずかしい言葉は使わないようにしましょう。

　　　　　　　　　　　　　　　　　　　　　　　　　　　　（山形　美津子）

入園式・進級式

こども園での遊びや生活に期待をもって

　美しい花が咲き春爛漫となりました。お子様のご入園・ご進級おめでとうございます。職員一同、心よりお祝い申し上げます。

　こども園に入園することや一つ上の学年に進級することを楽しみにしている子どもたち。保護者の皆様におかれましても、園での新しい生活に期待をおもちのことと存じます。区のこども園の理念に、「子どもを真ん中に、保護者と地域の人々と保育者が、手を携え、子どもの幸せを実現する」と示されておりますように、本年度も、保護者や地域の皆様とともに子どもたちの育ちを助け、成長や発達を見守り、その喜びを分かち合っていきたいと思います。

　本園の保育・教育目標は「明るく元気な子」「意欲的に遊ぶ子」「よく考えて行動する子」「やさしい心をもつ子」です。どのクラスも、まずは保育者と関わりながら信頼関係を築き、安心して過ごせるようにしていきます。主体的な子どもの育成をめざし、0歳児から5歳児クラスまでの子どもたちの年齢や発達に応じた保育・教育の環境を整えることで、自分からさまざまな玩具・遊具に関心をもつことを大切にします。自然の豊かさや広い施設が充実していることを生かし、園内研究主題「伸び伸びと体を動かして遊ぶ子どもを育む──多様な動きを引き出す環境と援助」を重点に取り組みます。

　こども園では、大勢の友だちと一緒に過ごす楽しさや、時には思いどおりにならない葛藤も体験します。毎日出会うすべての出来事が「学び」です。「自分が興味や関心をもったことを、十分に楽しもうとする意欲を育てる」「自分も友だちも大切にする心を育てる」「友だちとの遊びや生活を通して、さまざまな葛藤を体験し、乗り越える力を育む」等、乳幼児期に必要な経験や活動が十分にできるよう、職員一同努めてまいります。

　本年度も、ご支援とご協力のほど、よろしくお願いいたします。

ポイント解説

　4月は入園式や進級式を迎え、新しい保育室や担任との出会いにより、子どもたちは最も不安を抱きやすい時期です。保護者にとってもわが子の園生活に対して期待とともに不安を感じており、入園式・進級式は、新たな園生活のスタートを迎える大切な行事となります。

(1) 伝えたいこと

　まず、入園・進級を職員一同が祝意をもって歓迎していることを伝えます。そして、保護者の立場に立ち、新年度を迎え園生活に期待や不安な思いを感じていることを受け止め、保護者や地域の皆さんとともに子どもの成長や発達を見守り、支えていく役割を果たしていくことを伝え、安心感をもてるようにすることが大切です。

　園の教育方針や取り組みや園での遊びを通した学びについて知らせ、園生活に見通しをもって安心してわが子を預けられるようにしていきます。

　さらに、集団生活のなかでは、毎日出会うすべての出来事が「学び」であり、意味のあることであることを具体的に伝えていきたいと考えます。

(2) 工夫点

　「美しい花が咲き春爛漫」というように、華やかな春の季節に触れることで、子どもたちの入園・進級を祝うことへの自然な流れが生まれます。

　こども園では、0歳児から5歳児までが入園・進級となるため、「年齢や発達に応じた保育・教育の環境を整える」「玩具・遊具」というように、記載するようにしています。幅広く保護者に伝えられるようにするための工夫が必要です。

(3) 注意すべきこと

　入園前に伝えているからという姿勢ではなく、園の教育目標や園の取り組み、子どもが経験することについて、繰り返していねいに伝えていくことで保護者の理解を得られるようにしていくことが大切であることに気を付けましょう。

（小島　喜代美）

入園式・進級式

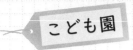

見えなくても大丈夫

　この度は、〇〇園にご入園おめでとうございます。

　入園する子どもたちはワクワクとドキドキとが入り交じっているかもしれません。年齢の低い子どもたちは、とくに保護者の方と離れて過ごすことの不安しかないことでしょう。まずは安心できる関係づくりから、少しずつワクワクが増えていくように一人ひとりに寄り添いながら保育をしてまいります。

　入園して最初の頃は、年齢にかかわらずあまり積極的に遊べません。まずは、園という環境と、保育者とそこで出会う子どもたちに慣れるところから始まります。この人なら安心できるという関係ができたり、ここなら落ち着けるという居場所を見つけたり、自分なりに一日の見通しがもてて不安が少なくなったりして、ようやく遊ぼうとするようになります。

　期待と不安があるのは、きっと保護者の方も同じかと思います。これまでは安心できる保護者の方とずっと一緒にいられたわけです。入園するとお子さんが園にいっている間は、その様子を見ることができません。親としてもいつも目の前で見えていたものが見えなくなるわけです。泣いているかもしれないし、ケガをするかもしれない。不安は多いかもしれませんが、子どもはおおむね楽しく過ごしていくようになります。大事なことは、成長を信じることです。一朝一夕に育つわけではないですから、気長に信じて待つことです。

　子どもたちはこれからさまざまなことができるようになっていきます。この「できる」の前に、無数のできるようになる過程があることに、ぜひ心をくだいてください。環境に慣れ、仲間ができ、やりたいことを見つけ遊ぶなかで、保護者の方には見えなくとも子どもたちは確かに成長していきます。見えない部分をいかに伝えるかも園として努力してまいります。入園を機会に、子どもの成長を信じて、これからは共に歩んでまいりましょう。

ポイント解説

(1) 伝えたいこと

　入園が不安なことは、子どもだけでなく保護者も同じであることに想いを巡らせたいと思います。保育者も入園してきた子どもたちがまずは園になれるようにと最大限の配慮をもってスタートすることでしょう。子どもの不安に対しては配慮されることが多いですが、保護者の不安についても寄り添いたいものです。まずは、一人ひとりに寄り添うこと、最初の頃は遊べないことが当たり前に見られること、遊べるようになるにも時間がかかることを知ってもらいます。

　当たり前に見ていたものが見えないことの不安の話から、見えないことや見えにくいものに大事なものがあることも、子どもの成長にとって大事であることに目を向けられるようにしました。

(2) 工夫点

　不安を煽るのではなく、見えなくても安心してもらえる関係づくりと、その足場となる情報発信はとても大事になってきます。送迎時に交わす言葉一つからでも関係は築いていけるものです。何かあったときに話すのではなく、日頃からちょっとしたよい姿を伝えていけるようにしましょう。

　最後に、共に歩むというメッセージから、これからは一緒に子育てしていく関係を築いていきたいことも伝え、向き合う関係ではなく、ともに子どものよりよい成長を願う存在としての関係をめざしたいことに触れています。

(3) 注意すべきこと

　日常的には、子どもの発見や気づき、おもしろがっていたことを共有することに意識を向けておく必要があります。

　保育者側が伝えたいことと、保護者が見たい知りたいことには常に乖離があります。一方通行にならないように、想いを受け止めることもとても大事です。それと同時に、園としての理念や方向性も折に触れてお伝えしていくとよいと思います。

（輿水　基）

お・か・し・もの約束

　〇〇区では9月1日の「防災の日」にちなみ、各所において防災訓練が実施されます。本園でも大地震を想定した「引き取り訓練」を実施いたします。幼稚園では毎月、避難訓練を実施しています。

　小学校の校庭に避難したり、近隣の〇〇公園に避難したり、地震や火事、不審者侵入を想定しての訓練です。お・か・し・もの約束、おさない・かけない・しゃべらない・もどらないを守って行動できるようにしています。いざというときに教員の指示に従って、避難できるように練習しています。

　地震の際は、①机の下など頭を守れる場所へ移動する、②避難経路を確保し窓やドアを全開にする、③防災頭巾を被る、④活動している場所により、避難経路を確認し避難する。このような流れで行っています。

　保育中に震度5弱以上の地震、または警戒宣言が発令された場合は、園から連絡がなくても、保護者の方に引き取りに来ていただくことになっています。

　「引き取り訓練」で一緒に降園する際に、地震が起きた際の危険個所の確認だけではなく、道路の安全などもお話ししていただくとよいでしょう。

　台風や大雨などの水害の場合は登園前に警報が発令されたときや、これから雨、風が激しくなることが予想されるときは、ご家庭で判断され登園を見合わせてください。緊急事態の際は一斉メールを活用してご家庭と連携を図りながら子どもたちの安全を守っていきますのでよろしくお願いします。

ポイント解説

　7月末か9月はじめには「防災の日」にちなみ、園では「引き取り訓練」が実施されることでしょう。日頃から保護者が送り迎えしていますが、地震や台風など、緊急事態の際は、園からの連絡を待たずに保護者自身で判断して行動することも大切です。

(1) 伝えたいこと

　防災訓練はどういったものがあるのか、その意義を伝えます。また、震度5弱以上の地震の際は保護者がニュース等で把握して、園からの連絡を待たずに引き取りに行く必要があります。また、登園時に台風が迫っている、通過しているときなども、各家庭で判断して登園を控えなくてはいけません。

　緊急時に園は一人ひとりのご家庭に電話等で連絡している余裕はありません。各ご家庭で、こんなときはどうするという認識を持ってもらうようにします。子どもたちの安全を第一に考えることが大切です。

(2) 工夫点

　「お・か・し・も」等、園での避難訓練で使用している標語を伝え、家庭でも同様に指導できるようにお願いします。また、地震が起きたときの行動順を①〜④まで示すことによって、家庭との共通理解を図るようにします。

　また、地震を想定しての「引き取り訓練」ではありますが、防災を意識して一緒に降園する際に、夏休み等の交通事故を防ぐ意味でも、交通安全の視点を持って、子どもに伝えながら帰ることを保護者に意識させます。

(3) 注意すべき点

　具体的に園で使っているキーワード、手順を伝えることによって子どもの安全を守るために、園での訓練の様子も伝わるようにします。　　　　　（本間　基史）

避難訓練・安全点検

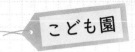

何が起こるか分からない時代

　今年の夏は、本当に酷暑でした。朝から気温が30度を超える日もあり、夜になっても30度以上あるというのは、これまでになかったことです。こども園でも、あまりの暑さのため、水遊びを10時前の少しでも涼しい時間に行うようにし、ひどいときには、一日外遊びを禁止する日もありました。とくに、今年はコロナウイルス感染症感染防止のため、マスクをつけている子どもも多くいますので、室内の気温と水分補給には十分気を配りました。このような環境のなかでも、子どもたちは元気いっぱいに遊んでいて、たくましさを感じます。

　子どもたちが安全に健康に8月を過ごせたことが、何よりです。これも、保護者の皆様のご協力のおかげと感謝しております。

　このような暑さも、コロナウイルス感染症も、これまで考えてもみなかったことでした。そのうえ、台風や豪雨による水害など、想定を超えたことが、いつ起こるか分からない時代になってきています。

　9月1日は防災の日です。台風や津波、地震についての認識を深め、災害に対する備えを怠らないように、と制定されています。防災の日を含む1週間は防災週間として、各地で訓練や関連行事が行われます。今年はこども園でも、9月2日に地震を想定した引き取り訓練を行います。ご家庭でもぜひこの機会に、"もしも"の備えについて話し合ってみてください。

　まだまだ暑い日が続きます。保護者の皆様、地域の皆様も、十分ご自愛ください。そして、2学期もこども園の教育・保育へのご理解・ご協力をよろしくお願い申し上げます。

ポイント解説

（1） 伝えたいこと

　2学期最初の園だよりに9月1日の防災の日を取りあげています。夏季休業中は、山や海の事故も多く、最近は豪雨や台風などの被害、地震などの報道も多くあります。子どもたちの安全を守るため、園で取り組んでいることをお伝えし、保護者が安心して園に預けられるようにしたいと考えています。

　また、災害や事故から子どもを守るために家庭でできることについて、考えるきっかけとなるようにしています。子どもの命を守るためには、園と家庭それぞれの備えと協力が必要であることを伝えたいと考えています。

（2） 工夫点

○酷暑、感染症など身の回りのことから、海や、山の事故、地震、豪雨などの災害など、子どもたちを取り巻く環境のなかで起こりうることを保護者も想起できるように具体的に書きました。

○園で行っていることを具体的に伝え、保護者が園の対応を知り、安心できるようにしました。

○子どもたちの命を守るために家庭では何が必要か、ということを考える機会になるよう、引き取り訓練を例にして具体的に伝えるようにしています。

○2学期の初めの園便りなので、保護者や地域の方へ、2学期の教育・保育へのご協力をお願いする内容を入れるようにしました。

（3） 注意すべき点

　ご家族や周りの方で、実際に被害にあわれた方や、事故にあった方がいるかもしれないので、その心情を慮り、十分に配慮して言葉を選ぶことが必要です。

（和田 万希子）

避難訓練・安全点検

育ちあう姿

　空を見上げると、高く広がる青空、ゆったりと流れる雲に秋を感じます。先日の運動会には、暑いなかたくさんの保護者の方々にもご参加いただき本当にありがとうございました。

　行事を経験するたびに、また一つ大きくなったと感じます。運動会に向けて体を動かす遊びを積極的に保育に取り入れてきました。「楽しそう！」と感じると目を輝かせて何度もその活動を繰り返し、「できた！」ときには満面の笑顔になります。がんばっていることを認めてもらえる経験を通して、少しずつ自信もついてきました。子どもたち同士、お互いを認め合えるようにもなってきて、頼もしさを感じています。ずいぶん、体力もついてきましたね。

　そこで、3歳児クラスから5歳児クラス合同の秋の遠足として、〇〇公園に出かけたいと思います。公園内には、大きな森があります。秋色に変わる木々の様子を見たり落ち葉のなかをカサコソ歩いたりドングリ拾いを楽しんだり……。体いっぱい秋を感じたいと思います。自然物は子どもたちの感性を豊かにしてくれます。活動のなかで生まれる会話やつぶやきにていねいに答えて、大人もともに共感しながら過ごしたいと思います。3歳児クラスの子どもたちにとっては、初めての遠足です。5歳児クラスの子どもたちとペアを組んでもらい、園内を散策する予定です。先日、ペアになる子ども同士顔合わせを兼ねて、ゲーム大会をしました。5歳児クラスの子どもたちは、自分よりも小さなお友だちを気づかう場面が見られ、3歳児クラスの子どもたちはお兄ちゃん、お姉ちゃんたちに優しくしてもらえて、とても嬉しそうでした。ゲーム大会が終わるころにはすっかり仲良くなり、一緒に行く遠足がいっそう待ち遠しくなっているようです。これからも、子どもたちの育ちあう姿に保育者も学ばせてもらいながら大切に見守っていきたいと思います。

ポイント解説

　2学期、子どもたちはすっかり園に慣れてきている頃です。

　いろいろな活動を通して、心も体も育ちが感じられ、行事など一つの目標に向かって思いをお友だちと合わせることができるようになってきます。遠足は、いつもの日常の保育と違う、期待感が一杯に膨らむ行事の一つです。

(1) 伝えたいこと

　園の運営、活動について保護者が理解し協力してくれているからこそ、子どもたちの活動を問題なく行えていることの感謝の気持ちを述べます。また、行事は一つひとつ独立しているのではなく、1年を通して子どもたちの心身の発達に合わせて計画していること、どの活動が子どもたちのどの部分を育てることに繋がっているのか、を説明します。

(2) 工夫点

　日々の保育の様子を保護者に伝えることも保育者、園の努めです。これからの予定だけでなく、そこに行きつくまでの過程や子どもの反応や様子を、保護者に伝えられるように、読んでいて子どもの表情が想像できるように具体的な出来事を記します。園側が行う活動の意味や保育方針、子どもへのまなざしが理解されると、信頼関係にも繋がります。また、親子同士の会話が増えるなどのメリットも考えられます。

(3) 注意すべき点

　園側が、保護者に教えている、指導しているという表現にならないようにします。保護者と保育者がパートナーシップをもって、子どもの育ちを共に育んでいくスタンスで書きます。ご家族の気持ちに寄り添い続ける姿勢を表します。

（宮川　友理子）

どんぐりころがし

　先日の遠足では、秋ならではの自然にたっぷりと触れることができました。公園内のプラタナスの並木を歩いたときのことです。一面に広がる鮮やかなオレンジ色の落ち葉を見て、「オレンジ色の道だね」「この道、歩くとかさかさって音がする」「音がする道、おもしろいね」と会話が弾みました。

　見たこと、気付いたこと、感じたことを、自分の言葉で表現しながら、友だちと伝え合っている姿に、入園・進級してから半年が経ち、子どもたちが確実に育っていることを実感しました。

　遠足の翌日から新たに始まった遊びがあります。「どんぐりころがし」です。公園事務所で許可をいただいて、持ち帰らせていただいたどんぐりを使って、子どもたちが始めた遊びです。

　板や積み木や段ボールなどを組み合わせて、斜面をつくり、その斜面にどんぐりを転がすという遊びです。

　「このドングリはころころ転がるけど、こっちのドングリはゆらゆら転がる」「転がるスピードが違うよ」「形が違うからだよ、きっと」気づいたことを口々に伝え合っています。

　丸味を帯びたクヌギと、細長いマテバシイの転がり方の特徴や形の違いと、転がる速さの違いを結び付けて考えていました。

　斜面の角度やコースの長さをさまざまに変えて、何度もドングリを転がす姿から、科学的な思考力の芽生えと粘り強く取り組む、集中力が身に付く機会となっていることが見て取れました。

　遠足で体験したことが、その後の園での遊びや生活を豊かにしています。遠足は園に戻ってきて終わりではありません。普段の園生活と離れたところで自然や文化に触れるところに意味がありますが、園に戻ったあとに遠足で体験したことと園での遊びがつながり、遊びがさらに発展することにも、大きな意味があるのです。

ポイント解説

　遠足は幼児だけでなく、保護者にとっても楽しみな行事の一つです。親子遠足ならば、親子でその楽しさを共有することができますが、教職員が幼児を引率する遠足は、わが子がどのように過ごしていたか、とても気になるところでしょう。そのような保護者の気持ちにこたえるためにも、現地での様子や幼児が体験したことを積極的に発信したいものです。

(1) 伝えたいこと

　現地での様子はもちろんですが、遠足に行く「ねらい」が読み手に伝わるようにしたいと思います。この巻頭言では、遠足をきっかけとして園での遊びが広がり、幼児に思考力の芽生えや粘り強さ、集中力などが培われることに触れながら、幼児が育つ姿を伝えたいと思います。

(2) 工夫点

　遠足に限らず、行事と日頃の園生活がつながっていることを読み手に理解してもらうことが大切です。遠足に行く前の幼児の期待の高まりや、遠足から戻った後の園生活の変化などが伝わるように、幼児のつぶやきや行動を具体的に記しました。

(3) 注意すべき点

　遠足は日頃慣れ親しんでいる園と離れた場所で活動します。保護者のなかにはわが子が安全に過ごせたのか心配に思う方もいるかもしれません。状況によっては安全管理に関する配慮事項等に触れておく必要もあるかもしれません。　　（仙田　晃）

遠足

遠足で保護者も仲間づくり

　保育においては、"子どもたちの主体性をどのように育むか"ということは大切なテーマですが、実は、大人である私たちにとっても主体的に生きるということは簡単なことではありません。そんな視点から、当園では、遠足は子どもたちのものだけではなく、大人である保護者の皆さんにも、ちょっとだけ主体的に動いていただくイベントにできればと考えています。子どもたちに「お友だちをたくさんつくろうね」と望むなら、まずは、私たち大人がそのことに主体的に取り組む姿勢を見せる機会にしてみてはいかがでしょうか。

　同じ園の保護者同士でも、知らない方に話しかけるには勇気が必要だとお考えの方もいらっしゃるでしょう。それでも、ご自分のペースで、しかし、"主体的に"そして、確実に他の保護者や職員と距離を縮めていただき、ご自分の存在をアピールすることに挑戦してみませんか。大げさかもしれませんが、そのようにおうちの方たちが、コツコツと前向きに物事に挑戦する姿は必ず子どもたちの心に響くものです。この先、学校へ進み、社会へ出ていくなかで、子どもたちが自分の人生を切り開いていくときのモデルとしてプラスの影響を与えるはずです。

　人と交流を持つことは簡単だと考える方もいれば、そういうことは苦手だという方もいるでしょう。本当にイヤだという方には、無理にとは申しません。でも、ちょっと勇気が持てそうな方、自分だけでは心配だという方は、こっそりと職員に声を掛けください。お友だち関係をコーディネイトできるよう、私たちもお手伝いをしますので、いっしょに考えてみましょう。親子ともに、すてきな思い出ができますように。

ポイント解説

　行事を通して成長するのは子どもたちだけではありません。保護者も成長し、その姿がまた子どもの成長も促します。園は、子どもを育てるだけでなく、時には、社会経験の少ない保護者を勇気づけ、親としての成長にも寄り添うことが大切です。

(1) 伝えたいこと

　子どもたちは、大人の姿を見て成長します。保護者は、子どもを園に預けるだけでなく、自らの生きる姿勢を見せることによって子どもの成長に関わることができます。まず、大人が勇気をもって、主体的に生きるモデルを子どもたちに示すことの意義をご理解いただきたいと考えています。

(2) 工夫点

　保護者のなかには、他人とコミュニケーションをとることが苦手な人もいるかもしれません。保護者にも、助けが必要です。保護者の主体的な行動を促すことがこの巻頭言の趣旨ですが、そこに保育者が助け舟を出すことを申し添えて、保護者にも安心感を与えられるようにしました。

(3) 注意すべき点

　保護者にも、得意なこと、不得意なことがあります。この巻頭言の内容を実践することにためらいを感じる保護者もいるはずです。この行事だけで、園の思いをすべての保護者が理解し実践する必要はありません。保護者と園の信頼関係を深めるためにも、それぞれの保護者の人柄を見極めて、無理のない範囲で保育に対する意識を高めてもらえるようにしましょう。

（深町　穣）

遠足

車の両輪

　春の日差しが暖かく、外遊びが楽しい季節となりました。子どもたちの様子を見ますと、室内や園庭でのびのび楽しく遊ぶ姿が多く見られるようになっています。

　この春にご入園の皆さま、保育園の生活に慣れてこられましたでしょうか。4月中は、ならし保育中のお子さまだけでなく、初めてお子さまを預ける保護者さまたちにとっても、ご家庭やお仕事の両立を図っていくための大切な時期であるかと存じます。

　また4月に進級なさったお子さまがたの保護者さまたちにおかれましては、平素から保育園の方針にご支援ご協力を賜りましてありがとうございます。一つ上のクラスにあがった子どもたちは、自分たちよりも小さいクラスのお友だちに、優しく接している様子が見られます。

　さて来たる○月○日ですが、○○保育園では、保護者の皆さまがたにむけての保護者会を予定しております。普段の子どもたちの様子を伝えるとともに、保育園でどのような方針で保育を行っているかなどについて、ご説明の機会を持ちたいと考えております。

　日頃はお忙しく、なかなかゆっくりお話しする機会のない同じクラスの保護者さまがたが、一堂に会す貴重な機会です。また気軽に育児の相談をする相手がいないというお悩みもよく聞きます。ぜひ保護者会で先生をまじえていろいろな話をしてみませんか。

　一つだけ、保護者会に先立ってお伝えしたいことがあります。保護者さまと園の職員は、一緒にお子さまがたを育てていくうえで、車の両輪だと考えていただきたいということです。どちらかが違う方向に行こうとするとうまく進まないのです。お互いに連携を取り合いながら一緒に同じ方角へ、つまりお子さまがたの健やかな成長に向かって、進んでいきましょう。保護者会で皆さまとお話しできることを楽しみにしています。

ポイント解説

(1) 伝えたいこと

　この巻頭言で伝えたいことは、保護者と園の職員は、一緒に子どもを育てていくうえで、車の両輪だということです。保護者と園の職員を車の両輪に例えることで、どちらかが違う方向に行こうとするとうまく進まないという点と、子どもたちの健やかな成長に向かって一緒に進む必要があるという点を伝えることができます。

　園の職員は、保護者にとって一緒に進むパートナーであることを理解してもらうことが大切です。その点を巻頭言の最後におくことで、その重要性を意識してもらうことができます。

(2) 工夫点

　保護者会は、園の保育方針を伝える場であるだけでなく、普段の子どもたちの様子をお知らせする場であることを伝えます。また、日頃お話しする時間のない他の保護者とお話しできる機会であること、気軽に育児相談ができる場であることを伝えるために「ぜひ保護者会で先生をまじえていろいろな話をしてみませんか」と、ここだけフランクに読者に語りかけるような書き方にしています。

(3) 注意すべきこと

　巻頭言は主に、はじめて入園した子どもの保護者にむけて書いていますが、進級する子の保護者も忘れてはなりません。日頃のご協力に感謝している旨を記しましょう。また初めての保育園生活は、保護者にとって保育園送迎を含む育児と仕事との両立で目の回る忙しさです。そんな毎日のバランスを必死でとっていこうとされていることに配慮し、保育園生活に慣れてきましたかという言葉を添えています。保育園が、保護者のサイドに立っていることを示しています。

(4) 補足

　実際の保護者会では園長からの挨拶や行事の説明があり、そのあとクラスに分かれ担任保育士からの挨拶や日頃の保育の様子を伝えるような流れであることが多いです。当日の園長挨拶においても、巻頭言で記載した「車の両輪」を必ず入れ、保護者に直接伝えるようにしましょう。

　　　　　　　　　　　　　　　　　　　　　　　　　　　　　　（山本　陽子）

保護者会・親子遠足

「和・輪」の中で楽しむ親子遠足

　入園式には、満開の姿を見せていた桜も散り、いよいよ新緑の季節を迎えました。先日、イチゴの苗の前に立つ子どもに「この苗が大きく育ってイチゴができるのよ」という話をしましたところ、驚いたような顔をしていました。都会の生活では、日頃口にしているイチゴと、目の前にある苗を結びつけることはむずかしいことなのかもしれません。だからこそ、みずみずしい感性のある幼児期にたくさんの自然に触れ、その不思議さ・すばらしさに心を動かしてほしいと願います。

　さて、本園では気候のよい5月、親子遠足を計画しております。親子の触れ合いを楽しむことはもちろん、自然のすばらしさを感じ取ってほしいという願いもあります。同時に、親子遠足は、園と保護者、保護者同士のつながりを深める絶好の機会ともなります。とくに本園では「和・輪の中で育む教育」を推進しています。子ども同士の輪をより伸びやかに大きくするためには、保護者の皆様と園が手を携えていくことはもちろんのこと、保護者同士の連携・支えあいも大切です。日程調整のむずかしい保護者の方もおいでかと思いますが、子どもたちにとっては、親子で触れ合えるかけがえのない一日になるはずです。趣旨をご理解いただき、ご参加いただきますようお願いいたします。親子遠足の詳細につきましては、別紙にご案内いたしますので、よろしくご確認ください。なお、当日都合がつかない等ご相談のある方は、遠慮なくお声がけください。

　一日豊かな自然のなかに身を置き、親子で楽しみましょう。

ポイント解説

親子遠足にはさまざまなねらいがあります。

親子で遠足そのものを楽しんでほしいという願いとともに、保護者同士のつながりを深めてほしいという願いもあります。とくに、昨今は、保護者同士の円滑な人間関係づくりは、園の大きな課題となっています。親子での関わりを楽しむことを第一に示しながら、保護者同士のつながりの大切さを伝えていくことも必要です。

(1) 伝えたいこと

保護者の気持ちに寄り添いながら、親子遠足の趣旨を伝えることが大切です。とくに、親子にとってかけがえのない一日になることを伝え、「ぜひ参加したい」という気持ちになるよう伝えるとよいと思います。

(2) 工夫点

自然に触れることや親子の触れ合いの大切さ、また保護者同士のつながりの大切さを平易な文章で示し、理解を得られるように伝えるとよいと思います。

(3) 注意すべき点

保護者のなかには、「都合により参加できない」、また「参加したくない」と申し出てくる方がいることも想定されます。親子遠足が、保護者にとって負担にならないよう計画することが大切です。また何かあったときには、相談できる体制があることをていねいに伝えることも大切です。　　　　　　　　　　　　　（藤方 洋子）

保護者会・親子遠足

学びの原動力

（季節の挨拶を入れる）

　さて、保育園の生活は、子どもたちが起きている時間の大半を過ごす場です。だからこそ、園とご家庭が連携し、子どもたちの育ちを共有しながら応援することは大切ですね。

　子どもたちは保育園においてお友だちや先生を含めたたくさんの遊びから、たくさんの学びをしています。子どもたちのこういった学びが就学後の学習を大きく支えています。その大切な子どもたちの学びの原動力となっているのが、お家の方々です。ご家庭とつながっているという自信、保護者の方々に愛されているという安心感が子どもたちの学びを支えています。これについては、ボールビィというお医者さんが愛着はその後の対人関係の礎になることを示しました。そして、愛着形成の大切さを示す赤毛ザルの実験で、親ザルと愛着形成ができなかった子ザルは、知的好奇心を持つことができなかったという事実が、世の中にご家庭の大切さを深く知らせました。

　子どもたちにとって、ご家庭が園生活に関心を寄せてくださること、子どもたち自身に関心を寄せてくださることが、子どもたちの学び、そして学びへ向かう意欲を支えています。ぜひ保育参観にいらしていただき、子どもたちの園生活を共有し、子どもたちの学びを支えてあげてください。そして子どもたちとの思い出の１ページをつくっていただき、未来に向かう学びの原動力として、ご家庭が礎を築いてあげてください。

ポイント解説

（1）伝えたいこと

　保育参観の願いは、子どもの育ちをご家庭と共有すること、そして子どもの生活に興味をもってもらうことの2点です。それは子どもたちが園生活を楽しみ、大切にすることにつながります。

（2）工夫点

　子どもたちの学びを見る視点を、保育参観シートの活用により定めます。

（3）注意すべきこと

　保育参観にいらした保護者の方は、自分の子どもが先生方にどのように可愛がってもらっているかが最大の関心事ですから、できれば参観時、あるいは参観後に、すべての保護者にその子のがんばっている点、普段の可愛らしいエピソードを添えて、直接お話ができるように心掛けたいものです。

（伊能　恵子）

〈参考文献〉

　保育士養成講座編纂委員会編『新保育士養成講座：発達心理学』全国社会福祉協議会、2002年。

保育参観シート

園児氏名：＿＿＿＿＿＿＿＿

　本日は保育参観にいらして頂きありがとうございました。当園ではお子様への想いを共有させて頂くために保育参観シートを大切にしています。ご理解・ご協力をお願い致します。

視点1：お友達との関わり
　頑張っている・何とも言えない・課題、不安有

視点2：あそび
　頑張っている・何とも言えない・課題、不安有

視点3：基本的生活習慣（食事・排泄・着脱衣・清潔・睡眠）
　頑張っている・何とも言えない・課題、不安有

＊お子様へのメッセージ

ボールビィ（Bowlby, J.W.）
　　　　　　　　　　　イギリスの精神科医
　愛着（アタッチメント）とは、「特定の対象との情緒的な結びつきを指し、乳幼児が養育者との情緒的な相互作用を通して形成される確固たる絆のこと」を意味し、安定した愛着が対人関係の礎となると言われています。

ハーロウ（Harlow,H.F.）アメリカの心理学者の実験
　生後間もない子ザルを親から隔離し、「代理母親（人形）」の下で飼育した群と、「代理母親（人形）」不在で飼育した群に、機械仕掛けのオモチャをいれると、「代理母親」との間に「愛着」を形成した子ザルは、知的探求行動を開始しました。しかし、「代理母親（人形）」不在の子ザルは、明らかな恐怖を示し、知的探求行動をとれませんでした。

幼稚園での子どもたちは？

　進級・入園してから〇〇日が経ちました。登園時、保護者の方と離れることを寂しそうにしていた新入園児の子どもたちは、先生や年上のお兄さん、お姉さんと一緒に、園庭の八重桜やチューリップなどの花びらを使ってままごとをしたり、ダンゴムシを探したりしながら笑顔で遊ぶようになってきました。また、進級した子どもたちは、小さい友だちの手をとって保育室まで連れて行ったり、登園時の持ち物の始末の仕方を優しく知らせたりしています。お兄さんやお姉さんになった喜びと自信が溢れ出ています。

　さて、そのような子どもたちの様子を、実際にご覧いただきたく、保育参観を計画いたしました。新年度の新しい環境のなかで、お子様が、先生や友だちとどのように幼稚園で過ごしているのか、ご不安な方もおられることでしょう。毎日安心して幼稚園に送り出していただけるきっかけになればと考えております。

　子どもたちは、幼稚園での遊びを保護者の方と一緒にできることを楽しみにしています。誰かと比べるのではなく、お子様と同じ目線で遊びながら、お子様の声にしっかりと耳を傾けてあげてください。そして、どんな小さなことでもいいので、「花びらをたくさん集めて、おいしそうなご馳走をつくったね」「小さいお友だちの片付けを手伝ってあげて、優しかったね」など、必ずお子様をほめてあげてください。保護者の方にほめてもらったことが、子どもたちには大きな喜びとなり、これからの幼稚園生活につながっていきます。

　普段とは違う雰囲気のなかで、ドキドキしている子どもたちの様子が見られるかもしれませんが、保護者の皆様も楽しい時間として幼稚園で過ごしていただければと思います。どうぞよろしくお願いいたします。

ポイント解説

保育参観は、年間を通して、子どもの成長している姿を見ていただく大切な機会です。4月当初、第1回目の保育参観は、進級・入園して間もない時期であり、子どもも保護者も喜びや不安を感じて落ち着かない様子が見られるため、保護者に園での様子を実際に見てもらうだけでなく、保護者にも子どもと一緒に園での時間を楽しんでいただくことで、子どもも保護者も安心や安定につながっていくのではないかと考えます。

(1) 伝えたいこと

なぜこの時期に保育参観を実施するのか、どの視点で子どもの様子を見てもらいたいのかを分かりやすく伝えることが必要です。また、保育参観を通しての保護者との触れ合いは、子どもの育ちに大きく関わること、そのために、保護者に子どもと同じ目線で遊ぶことや、遊んでいる様子を見て具体的に肯定的な言葉を投げかけること、そして何よりも他の子どもたちと比べるのではなく、自身の子どもの成長を感じとることの大切さをしっかりと知らせていきたいと考えます。

(2) 工夫点

子どもへの肯定的な言葉掛けについては、具体的に何パターンかを例にあげたほうがより分かりやすくなります。どのように子どもに関わればいいのかと子育てに不安を感じている保護者もいることでしょう。「すごいね」「えらかったね」と端的な言葉で終わってしまわないように、具体的な文例を知らせていきたいです。

(3) 注意すべき点

保護者が感じたり、想像したりする子どもの成長と、保育参観で見る子どもの姿とに矛盾を感じることもあるかもしれません。子どもが普段とは違う雰囲気のなかで、普段と違う様子を見せることもあるかもしれないことも、事前に伝えておいたほうがよいでしょう。

（木下 和美）

園での成長

　今年度も「一日保育参観」がスタートします。新入園の保護者の方々もいらっしゃいますので、当園独自の本制度を紹介します。

　以前は、他園や学校同様に学期ごとに保育参観をしていました。先生方も、その日に向け準備を重ね子どもたちの成長ぶりを披露していました。しかしながら、本来、保護者に見てもらうべきは、準備された姿でなく、ありのままの子どもの姿であり、先生との園生活の営み（意欲、協働、試行錯誤、失敗、友だち関係、指導の場面等）だと考え、10年以上前に「パパママティーチャー」のネーミングで「一日保育参加」を始めました。当初は、働いている方に配慮し希望者のみでスタートしました。参加者は全保護者の3分の1程度。30分程度の保護者からの時間（紙芝居、読み聞かせ、折紙など）にハードルの高さを訴える声に、ネーミングと内容（保護者からの時間はなくし、保育に参加してもらう）を変え、現在のスタイル（朝から降園までクラスで過ごす）が確立しました。学期ごとの参観をなくし、保護者参加を義務化しました。働く保護者にとっては有休を使って参加することに違和感を持ちながらのスタートとなりましたが、参加してみての感想を紹介します。

　「子どもの一日の姿がよくわかった」「家の姿と園の姿の違いに驚いた」「たくさんの活動が計画的に展開しており質の高い教育が実践されていることを知った」「クラスに20人以上の子がいて個性もさまざま、先生方のたいへんさが分かり感謝・感謝です」。

　丸一日、クラスで過ごした親の素直な感想であり、わが子の成長を肌で感じ、また担任への感謝の気持ちが先生方の責任感とやり甲斐をうみ、子育ての重要性を感じてくれる機会となることを強く実感しました。園と親が心一つにして子どもと向き合い、預けっぱなし園任せにならぬよう、これまで以上に信頼関係を深め協働して子どもたちの成長を看取っていきたいと思います。

ポイント解説

　保護者は、園でのわが子の様子には興味や関心が高く、知りたいと感じています。「連絡帳」「降園時伝達」「電話」等、手段はいくつかありますが、自分の目で観ることが何よりも知ることが実感できると思います。

(1) 伝えたいこと

　こども園になり働く保護者が急増し、長時間、園で過ごす子が年々増えています。あたかも保育はサービスであり働く親の権利として「子育ては園任せ」になる傾向を感じざるを得ません。

(2) 工夫点

　在園の保護者は経験済みで趣旨やよさが分かっていますが、新入園の保護者にとっては初めての取り組みとなります。この活動が、子どもたちのみならず保護者にとって、どんなに有意義な機会となっているかを保護者目線の感想として紹介することで前向きに受け止めてくれると考えます。

(4) 注意すべき点

　保護者も日々、職場でたいへんな時間を過ごしています。そこは共感しながらも、子どもも園でがんばっていることを知ってもらうことで、乳幼児期の大切な期間を互いに感じてもらいたいと考えます。

（知久　賢治）

保育参観

子どもの姿から見えるもの

　年長の２学期になりクラスの友だちと一緒にさまざまな活動を通して、自分たちで相談しながら物事を進めていこうとする意識が高くなってきています。そして一人ひとりの子どもたちが自分なりに学級での役割を理解しながら、自己発揮し始めています。園では子どもたちが主体的に人やモノ、コトとのつながりを通して学びが深まるように環境を整え、大人は出すぎず見守るようにしています。

　このような日頃の様子を見ていただき子どもたちの学びに向かう姿をご家庭と共有させていただきたいと思い、保育参観を計画いたしました。保護者の方々がご覧になりたいテーマに合わせて、「運動活動」「グループ活動」「制作活動」「知的活動」と活動内容を設定いたしましたので、このテーマを一つ選んで参観していただきますようお願いいたします。参観前日には、「活動の見どころ」を配信いたします。

　また、参観日当日は、主活動の後参観の感想やご質問などを伺う時間を設けておりますので終了後の懇談会にもぜひご参加ください。以下に各テーマのご説明をいたします。

「運動活動」：いろいろな体の部位を動かしポイントをクリアしながら進んでいくサーキット活動を行います。

「しっぽとりゲーム」：二つのチームでしっぽとりをします。作戦を立てたり、協力したりしながら進めていく活動です。

「制作活動」：空気砲づくりをします。新聞紙でつくる玉の大きさによって飛距離が変化します。より遠く飛ばすために試行錯誤を繰り返しながらつくることを楽しみます。

「知的活動」：グループごとに文字集めをしたり、おはじきを使って数の概念の理解を進めたり遊びを通した学びが分かる活動です。

ポイント解説

(1) 伝えたいこと

　子どもたちは日々園生活のなかでさまざまな保育活動を通して、興味を広げ、心を動かしながら成長していきます。保育参観は、家庭から離れて園生活という社会のなかで子どもたちがどのように「ヒト・モノ・コト」と関わり学んでいるか、を具体的な姿を通して保護者にお伝えできる絶好のチャンスです。この機会を生かして、保護者のニーズに合わせた参観を設定したいものです。今回は年長組の2学期の保護者会を想定しています。この時期は小学校就学を前に保護者の関心は、「座って授業を受けられるか」「友だち関係は大丈夫か」「勉強は？」など学校生活をイメージしたことが出てきます。そこで保護者のニーズに合わせて、日ごろ園で行っている活動を参観しやすい形で提示し、そのなかから一つを選んでいただく方法の保育参観を行います。

(2) 工夫点

　保育参観は、その場で見て終わりにせず、参観後の保護者からのフィードバックを含めて成果がすぐに分かるようにし、明日の保育につながるように工夫します。

①参観の日程調整：参観の3週間前には希望参観日を調査します。希望日は第1希望から第3希望まで記入してもらえるようにし、人数の調整をして、保護者に決定連絡を行います。

②参観の見どころを前日までに配信：子どもの現状と保育者が育てたい願い等を明確にし、保育参観の視点となるように伝えます。主な視点は「他の子どもと比べない」「結果や出来栄えではなく、プロセス重視」など日頃園で大事にしている遊びを通した学びに焦点があてられるようにします。

(3) 注意すべきこと

　幼保連携型認定こども園は働いている保護者が多いため、日程調整がむずかしいことに配慮して、保育参観の日程も柔軟に設定するように注意しています。また、参観終了後の懇談会に参加できない人のために、感想用紙をお渡しし後日提出してもらい、個別の連携がとれるようにしていきます。

（石阪　恒子）

保育参観

一つ大きくなったことを喜ぶ

　入園して2週間が過ぎ、徐々に子どもたちも園に慣れてきました。自分で好きな場や遊び、友だちを見付けて遊ぶ姿が見られています。保護者の方と離れて初めての生活ですので、園に慣れるまで時間が掛かるお子さんもいます。慣れるまでていねいに関わってまいりますので、安心して園にお預けください。

　さて、もうすぐ4月の誕生会があります。誕生会は毎月行われており、その月の誕生児のお子さんと保護者の方に参加していただき、学級や学年の友だちと一緒にお誕生日をお祝いする会です。

　誕生日は、子ども自身が自分の成長を感じられる貴重な機会です。子どもにとって自分の成長は、周りの人から伝えられ認められることで初めて感じることができます。この世に大切な存在として生まれてきたことを、園の友だちや先生から「おめでとう！」と祝ってもらうこと、保護者の方にも参加していただき、1年に1度の誕生日をみんなでお祝いすることは、子どもにとってたいへん嬉しいことです。

　「大きくなったね」「こんなことができるようになった」「こんなことをしてきたから、次も大丈夫」と言葉を掛けられることで「自分は大きくなったんだ」「こんなことができるようになったんだ」と実感し、自己肯定感や自信をつけていきます。もちろん誕生会以外の場面でもそのような機会はありますが、自分の価値をみんなに認めてもらい、自分を振り返り自信をもてる一番の機会となります。

　そして、誕生児がこの世に無事に生まれ育ってきたのも保護者の方のおかげであることを振り返り感謝する日でもあります。

　心も体も大きく成長し、一つ大きくなったお子さんを一緒にお祝いいたしましょう。ぜひご参加ください。

ポイント解説

　入園してすぐに、4月の誕生会が行われます。みんなで誕生を祝うこと、そこに保護者の方に参加していただくことがとても価値のあることで、その子自身の自己肯定感や自信につながっていくことを知ってもらい、参加することの意味を理解してもらいます。

(1) 伝えたいこと

　入園してすぐに誕生会があり、誕生月には保護者に参加してもらうので、その意味を伝え、参加してもらうことを促せるようにします。最近は、働いている保護者も増えてきたので、誕生会を通して成長したことが分かったり自分は価値のある存在だと知る機会となったりする、という参加する意味を伝えていきます。

(2) 工夫点

　具体的に子どもたちに掛ける言葉を知らせていき、どのようなことで自信や自己肯定感が高まるかということを伝えます。

　また、保護者に感謝する日でもあるということを伝え、保護者が日頃子育てをがんばっていることがここで少しでも認められ、嬉しい機会になるようにします。

(3) 注意すべき点

　入園前から、自分のお子さんの誕生会には参加してもらう旨を伝えておき、入園したらすぐに誕生会の年間予定を保護者が知ることができるようにします。あらかじめ予定を空けておいていただき、参加してもらうことが大切です。

　とくに働いている保護者、外国にルーツのある保護者などは、参加する日であること、参加の仕方や意味をていねいに伝えておくことが必要です。（鳥居　三千代）

お誕生会

嬉しくて泣いたあの日

　当園での誕生日会の際には、私は子どもたちに次のようなことを伝えます。

　「誕生日は、おうちの人からたくさんお祝いしてもらって、プレゼントをもらえる、とっても楽しい日だと思います。お母さんもお父さんも、たくさん食べてたくさん寝て、笑って泣いて大きくなっていくみんなを見て、とても嬉しい気持ちになる日です。でもね、みんなが生まれたとき、まだみんなは知らないかもしれないけれど、お母さんもお父さんもきっと泣きました。みんなはまだ"嬉しくて泣いた"ことがないかもしれないけれど、お母さんは10ヵ月という長い間、みんなをお腹の中で守って、お父さんもお腹が大きくなるお母さんをたくさん守って、そうやってみんなは生まれてきました。そのときに、みんなで嬉しくて泣いたんです。

　今日おうちに帰ったら、お母さんに『私が生まれたとき、どんな気持ちがした？』って聞いてみてほしい。おうちにあるお母さんやお父さんのどんな宝物よりも、生まれてきたばかりの赤ちゃんだったみんなのことを世界で一番大切だと思ったんだから。だから誕生日には、お母さんとお父さんに『誕生日ありがとう』って伝えてみてください」。

　子どもたちが生まれたあの日、ただ元気に大きくなってくれればいいと願っていたはずなのに、「こんなことができるようになったらいいな」「もっとこういうふうになってほしいな」などと、気がつけば親の願いも膨らんでいきます。純粋な気持ちでお子さんの誕生を受け止め喜び合ったあの日のことをもう一度思い出して、柔らかな子育てができるといいですね。親子でも、お互いに感謝の気持ちをもって生活できたら、なんと幸せなことでしょう。

ポイント解説

誕生日会はみんなから祝われるから嬉しいというイベントになりがちです。

(1) 伝えたいこと

年齢の変わる節目として今後どんな人になりたいか、どんな職業に就きたいかなどをついつい聞いてしまいますが、親がなかなか子どもには伝えることのできないことを園で子どもたちに代弁・発信することも大切です。

(2) 工夫点

子どもが生まれてきたことそれだけで、親としてただただ嬉しかったという純粋な気持ちを園で子どもたちと共有することで、誕生日会に対する保護者の考え方も少し変化します。そして子どもの成長とともに少しずつ変化する親の考え方を今一度あの日の気持ちに立ち返らせ、親と子がお互いを敬いながらそれぞれ感謝の気持ちをもって生活することに繋げられたらこの上ないことです。誕生日という節目を通して園がそのような気持ちの架け橋になれたらいいですね。

(3) 注意すべき点

養育環境やご家庭によっては"親への感謝"また"お父さん、お母さん"という表現がセンシティブな話題となる場合もあると思いますので、在園児と保護者の関係性も踏まえた発信が必要になります。 　　　　　　　　　　　　（安家 力）

誕生日会

特別な１日

　秋晴れの気持ちのよい日が続いています。気温も少しずつ下がり過ごしやすい季節となりました。そんななか先日は遠足を予定していましたが残念ながら雨で延期。案の定楽しみにしていた子どもたちは口を尖らせ残念そうにしています。沈んだ雰囲気をよそに、晴れ晴れしくご機嫌な男の子が一人いました。そうです、この日はこの子のお誕生日だったのです。

　当園では月ごとにまとめて開催する誕生日会は行いません。それは１年間のうち誕生日は１回しか訪れない特別なものだからです。誕生日当日には、朝から"誕生日おめでとう"のメダルを腕に付けます。通りかかった友だちや保護者、保育者からは「おめでとう！」とシャワーのように声を掛けられ笑みがこぼれます。また、昼ごはん時はお祝いのゼリーを厨房まで取りに行き特別なランチタイムを過ごします。もちろんクラスでもお祝いしますが保護者のお迎えが来たときもお祝いの歌を歌います。私もギターを片手に祝福しに出向きます。

　祝福された嬉しさや喜びは近年日本で下降傾向にあると言われる自尊感情（自己肯定感）の高まりへと繋がっていきます。自尊感情が高まると何事に対しても積極的に取り組むなかで自信を抱き、自分を受け入れ他者も受け入れることができるようになっていきます。また、お迎え時のお祝いでは、主役はもちろんわが子を見守る保護者や参加したみんなが笑顔で幸せな空間に包まれ、１人の特別な１日は周りにとっても特別な１日となります。

　"おめでとう""大きくなったね"そして、

　"生まれてきてくれてありがとう"と。

ポイント解説

　各園によって誕生日会として一緒に祝ったり、個人的に祝ったりすることがあると思いますが、1年に1度しかない特別な日として関わることが大切です。

（1）伝えたいこと

　園の行事やイベントとは違う自分だけの特別なものとして扱っていることを共有することが大切です。保護者も今までのわが子の歩みを振り返ったり、成長を実感したり、この世に生を受けたことへ改めて感謝する日でもあるように思います。また、子ども一人ひとりを尊重していることの再認識にもなります。

（2）工夫点

　一つひとつの行事や、取り組みのなかで園の考えと、子どもの存在が尊重されていることが伝わるようにしています。また、保護者が"わが子の誕生日"を迎えるにあたり、成長や尊さを感じることに繋がればと思います。

（3）注意すべき点

　取り組みのみを伝えるのではなく、子どもの姿や園としての考え方を共有していくなかで、行事や取り組み一つひとつに願いが込められていることを伝えることが大切です。

（藤田　勲）

誕生日会

夏祭り、親子の心の原風景

　今年も夏祭りの季節がやってきました。行事は日々の生活とは異なる非日常の空間、そこではいつもと違う世界が広がります。特別な時間での経験は心に深く刻まれ、思い出となり、やがて心の原風景へと変わっていきます

　私自身、子どもの頃の思い出をたどると、おみこしを担いだことや少し暗くなった神社の境内の風景、提灯と裸電球の下のたくさんの出店、母に渡された小遣いの10円玉を握りしめ、友だちと何に使おうか相談しながら歩いたわくわくする気持ちがよみがえります。

　園の子どもたちもわくわくいっぱい「浴衣を買ってもらった」「お面をかぶりたい」「畑の野菜を売りたい」…今から楽しみにしています。

　いつも遊んでいる園庭に手づくりの提灯がぶら下がり、浴衣を着たお友だちや先生が微笑んでいます。お父さん・お母さんが先生と一緒に水風船や輪投げ、的当て等、わくわくするお店で待っています。

　少し背伸びして羽目を外すことも受け止めてもらえるそんな空間、夏祭りは親子の心の原風景となり、次の世代へと伝承されていきます。ぜひ、ご参加ください。

○ご注意いただきたいこと

　今年の夏もたいへん暑い日が続いています。当日は水分補給にお気を付けください。またご多忙のなか、準備や打ち合わせなど、皆様方のご協力に職員一同、深く感謝申し上げます。

　駐車場・駐輪場には限りがございますので、自転車・お車でのご来場が必要な場合はご相談ください。温かいご理解・ご協力に深く感謝申し上げます。

ポイント解説

　夏祭りは、非日常的な時間・空間として、子どもたちの心の原風景に深く刻まれる特別な時間、親子の思い出として次世代へ伝承されます。

(1) 伝えたいこと

　夏祭りは世代を超える伝承行事であり、かけがえのない親子の思い出です。当日来場するだけでなく行事の準備にも積極的に参画したくなるよう行事のもつ意義をお伝えします。

　子どもたち・保育者・園側だけでなく、保護者の方の準備や参画の様子も紹介し一体感・共感を覚えていただけるよう、労いと感謝の気持ちを伝えます。

(2) 工夫点

　心の原風景というイメージを深めていただくため、たとえば筆者自身の体験を紹介すると親近感を増すことも期待できます。紹介する際は、色や温度、息遣い等、具体的な描写にすると情景が目に浮かぶようなイメージを喚起できます。それに続ける形で園での子どもたちの様子、当日の様子などを描写し夏祭りのイメージへとつなげます。浴衣を着ている様子などを入れることで、さりげなく当日、浴衣を着ていこうかな、楽しそうだなという気持ちを伝えることもできます。参加人数や駐車場や駐輪場等の制限等、注意点がある場合、当日の混乱やトラブルを招かないよう事前にきちんとお伝えすることも大切です。また注意事項は分けて書くことで、分かりやすくメリハリがつき、読みやすくなります。

(3) 注意すべき点

　保護者の方と園との想いを共有することが大切です。園の想いを一方的に押し付けるのではなく、保護者の方が共感できるよう、意義や目的、子どもたちの心に残る想い出などを伝えます。「手伝ってください」「参加してください」等と直截的に伝えるより、エピソードや子どもたちの様子、園での準備など具体的な姿を通じて、間接的に想いを伝えることで柔らかいコミュニケーションができます。文章はむずかしい漢字や表現を避け、極力平易なものにすることも大切です。　　（下田　貴史）

子どもの心に残る "お祭り" を

　祭りは、皆さまの記憶にどのように刻まれていますか。園では、七夕から夏祭りまでを一続きの行事として取り組んでいます。

　七夕では、私たちの劇（因みに私はいつも天帝役です）を、子どもたちは一心に見入っていました。次に、おごそかな気持ちで5色の短冊から、「大きくなりたい」（青）、「友だちとなかよく」（黄）、「お約束を守る」（白）、「字がかけるように」（紫）など、願いごとに合った色を選んで思いを絵や文字にしました。子どもたちの心のなかに「なりたい自分」がいるってすてきだと思いませんか。皆さまと一緒に大切に育てていけたらと願っています。

　今、子どもたちと夏祭りの準備をしています。「悪い病気が逃げていきますように」と段ボールで神輿をつくって「ワッショイ、ワッショイ」と担いだり、うちわに絵を描いて飾り付けたり……。盆踊りの練習では、アンパンマン音頭や河内音頭などを老人会の方々の踊りを見よう見まねで始めて、今では「トントン、イチ、ニー……」などと自然に声が出て体を動しています。このようなお子さまのがんばっている姿を担任からぜひ聞いてください。

　ところで、子どもたちにとって祭りは、周りの大人もどこかウキウキしているなど、いつもと違う非日常の世界です。スーパーボールすくいや綿菓子なども楽しみですが、何より、保護者の皆さまにおねだりも含め存分に甘えることができた安心感がエピソードとともに快い記憶となって残ります。明後日は、そのようなお子さまとご家族の姿を楽しみにしています。

　最後に、園の祭りが毎年できますのも、日頃、お仕事や育児で時間のないなか、貴重なお時間をさいてお手伝いくださっている皆さまのお力があればこそです。感謝しています。

ポイント解説

　夏の盛りに行われる園の七夕・夏祭り・盆踊りは、年間行事のなかでも大がかりなイベントです。昔ながらの伝統文化に触れてほしい、子どもと保護者の心に残る「思い出」になってほしい、地域とのつながりを感じてもらいたいとの願いがあります。

(1) 伝えたいこと

　子どもたちが、園の祭りの当日までに、七夕や祭りの文化に触れたり、地域の方と関わったりしながらどのような活動をしてきたのか、活動のねらいと内容を説明します。子どもの気付きや成長などの一部を紹介しながら、個々の変容は担任から伝えることを書き加えて、担任と保護者とをつなぐようにします。

　子育てのパートナーとして、子どもの心理についてもともに考えていきたいものです。ここでは、"甘えたい"という子どもの言動を頭から否定しないで"まずは受けとめる"ことが子どもの安心感につながるのではないかとの提案をしています。

(2) 工夫点

　冒頭に保護者の記憶に残る祭りについて問いかけ、それを受けて後段で、祭りが子どもの心によい思い出となる要件について述べています。

　また、園として伝えたいことがより理解してもらえるように、専門用語は用いずに説明したり、平易な言葉を使ったり、子どもの声を入れたりするなどの読みやすくするための工夫をしています。

(3) 注意すべき点

　夏祭りについての巻頭言を事前に出す場合は、夏祭りの空気を壊さないようにすること、危険などについては前年度の反省も生かして書くことを心がけます。

　保護者の方と協力して出し物や出店を出す場合は、「手伝ってもらって当たり前」といった傲慢さを少しでも感じさせる表現があってはなりません。仕事や育児、また、さまざまな事情を抱えている保護者が貴重な時間をさいてお手伝いしてくださっていることに、ていねいに感謝を伝えることに留意しましょう。（中山　大嘉俊）

七夕祭り・夏祭り

豊かな生活体験を

　「昨日の夜、金魚すくいしたんだ！」「かき氷とフランクフルトを食べたの！」蝉時雨の間から聴こえてくる、子どもたちの嬉々とした報告の数々。その声色が豊かな生活体験をしてきた証なのでしょう。

　子どもたちは自分が経験した"実体験"を、再現して遊ぶことで自分のなかに落とし込もうとします。ふと園内を見渡してみると、あちらにチョコバナナ屋さんが新装開店したかと思えば、こちらには手づくりの浴衣姿の女の子たちが集っています。同じ夏の宵の思い出であっても"その子どもが何を感じ、何を楽しんだか"は、一人ひとり違います。そんな子どもたちの"それぞれ"の遊びは、融合を繰り返し、いつしか"園全体"の取り組みへと変化していきました。

　こうなってくると、職員も"子どもたちが喜んでくれるように！"と、さまざまなアイデアを企み始めます。なんだかんだ言いながらも楽しそうに準備をする"大人たち"の様子はまるで「学園祭の前日」。こうして本格的に企画されたスペシャルDAYには、保育者特製の射的や輪投げコーナーが用意されたり、園庭の池で金魚すくい（本物！）ができるようになっていたり、昼食も焼きそばやトウモロコシが出てきたりと、まさに園内の雰囲気に華を添え、幸せな空気感に包み込まれた１日なのでした。

　この１日だけを振り返ってみても"楽しかった思い出"であることは疑いようがありませんが、一番大切なことは、"子どもの実体験"がスタートとなり、子ども主体でこの雰囲気が広がっていた先に、この日が存在したことです。そんなたくさんの想いが詰め込まれたプロセスが、「豊かな生活体験」となったかどうかは、夏の太陽よりも"ギラギラ"と輝いて見える子どもたちの「瞳」が、物語ってくれているのでした。

ポイント解説

　園内で行われた夏祭り「当日」の取り組みや様子だけが大切なのではなく、そこに至るまでの「過程」のおもしろさが一番大切です。子どもの活動に保育者が寄り添うことで生まれた「日々」こそが「豊かな生活体験」と呼べるのです。

(1) 伝えたいこと

　一連の活動が子どもたちの実体験をスタートとし、子どもたち自身が創りあげている日々の遊びこそがメインであると言えます。その遊びも一人ひとりの個性が大切にされ、その多様性が融合された先に園の行事（今回は夏祭り）が存在するという「主体性」が大切にされていなければなりません。

(2) 工夫点

　実は文章内に「夏祭り」という言葉は1度も出てきていません。文章内にある"その子どもが何を感じ、何を楽しんだか"という言葉は大人（保護者）にも当てはまることです。保護者が文章を読んだときに無意識に「夏祭り」という固定概念を植え付けずに、子どもたちの姿から情景をイメージしてもらえるようにしています。

(3) 注意すべき点

　園内で行われる「夏祭り」と聞くと、その特別感に当日だけが着目されたり、保育者主導の部分ばかりが浮き彫りになったりします。子どもの日常から「夏祭り」当日へと"どう繋がっていったのか"が伝わるようにすることが大切です。

（三倉　敏浩）

七夕祭り・夏祭り

祖父母の方への手紙

　年長組の子どもたちが地域の郵便局を訪ねました。敬老の日を前に、祖父母の方々に手紙をかいたのです。封書の宛先は近隣の住所から北海道や四国、九州などさまざまです。なかには海外に送るものもありました。「遠くのお家には電車や飛行機で運ばれるよ」と話すと、子どもたちは小さなポストの口に手紙を入れながら、不思議そうな顔をしていました。

　郵便局長さんがポストまで出てきて「皆さんの手紙はおじいさん・おばあさんのお家に必ず届けます」と挨拶をしてくれました。実は、郵便局長さんは本園を卒園した同窓生で、子どもたちの地域の応援団でもあります。祖父母の方と園とをつないでくださる存在です。

　子どもたちは手紙の用紙に思い思いの絵を描き、担任が思いやつぶやきを聞き取って書き添えました。おじいさんのお家で飼っている犬、おばあさんの顔、お姫様と花畑……描かれた絵はいろいろです。大きさの違う丸いものが並んだ3歳児の絵も、担任のコメントで家族の姿とわかりました。インターネットで瞬時に世界中とつながる時代ですが、手描きの手紙で伝わるぬくもりは、かけがえのない大切なものを教えてくれる気がします。

　後日、手紙を読んだ祖父母の方から何通かの返信をいただきました。思いが届いたことに安堵し、また祖父母の方とつながった感覚に胸が熱くなりました。園生活は園のなかだけでなく、さまざまな方との出会いや触れ合い、つながりがあってこそ充実したものになります。人は人の温かさのなかで育つのです。

　家族を思う気持ちと周りから愛されている実感をこれからも大切にし、心豊かな園生活の基盤にしていきたいと思います。

ポイント解説

　敬老の日に因んだ活動のなかで、今回は「手紙の投函」を取りあげました。手紙のメリットは、なかなか会えない遠くに居住の方も含め、どの幼児も祖父母と関われるということです。園から手紙を出す活動の意味を知らせていきましょう。

（1）伝えたいこと

　伝えたいことは主に二つです。一つには、敬老の日の活動を通して子どものなかに育ってほしいことは何かということです。

　それは、祖父母に思いを寄せ、改めて自分が家族の一員であることを自覚したり、祖父母が自分をかわいがってくれる大切な存在であることを感じたりするということです。

　もう一つは、手紙を受け取る祖父母の気持ちや支える周囲の関わりについてです。園生活は保護者や地域の方の協力があって成り立っていることに触れたいと思います。そして手紙の投函が祖父母の方たちを元気にする、互恵性のある活動であってほしいと願います。

（2）工夫点

　活動の流れや一般論だけでなく、実際の子どもの言動や保育者とのやりとりなどを入れました。郵便局長さんの言葉からその場を思い浮かべられるようにしたり、「飼っている犬」や「大きさの違う丸いもの」など手紙に描かれているものを取りあげたりして、手紙を読んだ気持ちになるようにしました。

（3）注意すべき点

　本園でも外国籍に関わる幼児が増えています。祖父母が国内にはいない場合もあるので配慮が必要でしょう。また、さまざまな家族構成のご家庭もあります。どの子どもにも不利益を感じさせない、多様性を受け入れる園全体の取り組みが求められます。それぞれの園の実態を園だよりにも反映させて、園の姿勢が感じられるようにしましょう。

(佐藤　淳穂)

高齢者との交流

みんな、やさしかったよね

　朝夕の風が心地よく秋の気配を感じる頃となってまいりました。

　園庭では菊の花が彩りを増し、とんぼが飛び交う様子に子どもたちは目を輝かせながら追いかけて遊ぶ姿が見られます。

　さて、9月は敬老の日に向けて、「おじいさん、おばあさんと遊ぶ会」を開催しました。開催に向けては、子どもたちから「おじいちゃん、おばあちゃんに来てもらいたい」「招待状をかこうよ」との声が聞かれ、担任が紙を準備すると、さっそく、絵を描いて招待状をつくっていました。

　祖父母の皆さんを思い出しながらていねいに描いたり、季節の果物やとんぼの柄を描いたり、心を込めて描いていました。子どもたちからは「おじいちゃんとおばあちゃんは○○に住んでいるんだよ」「新幹線に乗って、おじいちゃん、おばあちゃんのお家に遊びに行くんだよ」「夏休みに、おじいちゃん、おばあちゃんと一緒にお出掛けしたの」などの声が聞かれ、おじいちゃん、おばあちゃんと会えること、一緒に遊べることを楽しみにする気持ちが伝わってきました。

　そして「おじいさん、おばあさんと遊ぶ会」の当日、祖父母の皆さんの姿が見えると、笑顔で駆け寄り、しがみつく子どもたち。楽しみにしていたのですね。クラスではカルタや双六、お手玉、こま回し、剣玉などの昔遊びを楽しみました。子どもたちのペースに合わせながら、笑顔で一緒に遊んでくださる祖父母の皆さん。片付け後に、歌を聴いていただいたり一緒に手遊びをしたりすると、笑顔で子どもたちを優しく見守ってくださっていました。

　会が終わり、別れる際には「ありがとう、また来てね」と手を振っていました。そして「みんな、やさしかったよね」と言う声が聞かれ、祖父母の皆さんの優しさが子どもたちの心に刻まれた一時となりました。皆様ご参加いただき、ありがとうございました。

ポイント解説

　9月の敬老の日に因み、日頃、離れて暮らしている祖父母の皆さんと一緒に遊ぶ機会として「おじいさん、おばあさんと遊ぶ会」を開催しています。高齢者を敬う気持ち、自分たちを優しく温かく見守ってくれている大切な家族であることを感じるための大切な行事となります。

(1) 伝えたいこと

　「おじいさん、おばあさんと遊ぶ会」に向けて、子どもたちがどのように取り組んでいったのかを伝えていきます。具体的な姿や子どもの声を入れながら、祖父母の皆さんへの思いや期待が伝わるようにします。とくに、9月という時期であり夏休みに帰省した際の思い出を言葉で表現する様子は、保護者にとっても具体的な姿として分かりやすく、祖父母とわが子との関わりが浮かぶことでしょう。

　そして、当日の様子も祖父母の皆さんとの出会いから取り組みの様子、見送る姿までを、限られた紙面のなかでも具体的な様子を伝えるようにすることで、子どもたちの祖父母の皆さんに対する思いや「おじいさん、おばあさんと遊ぶ会」の取り組みを通して経験したことを伝えていきます。

(2) 工夫点

　9月末発行の10月の園だよりの冒頭に季節の情景を入れることで、敬老の日への自然な流れが生まれます。敬老の日に因んだ取り組みについて、保護者も分かりやすく共感できるよう、子どもたちの様子や言葉を記載することで、夏休みに帰省した際の情景が浮かぶようにしています。具体的な状況を伝えるために写真の掲載などの工夫もあるとよいと考えます。

(3) 注意すべきこと

　全員の祖父母の皆さんが参加してくださることはむずかしいですが、祖父母の皆さんと関わることで、高齢者の優しさや温かさに触れることで豊かな心が育まれることを伝えていくことが大切です。

（小島 喜代美）

高齢者との交流

日々の遊びからつくりあげます

　暑かった夏が去り、涼やかな風が園庭を吹き渡るようになった頃から、園庭に子どもたちの楽しそうな声が響く時間が長くなりました。その声に誘われるようにして事務所を出ると、そこかしこで心と体と頭を動かして遊ぶ子どもたちの姿に出会います。

　ある子は、ただただ自分の体が思いどおりに動くことを楽しむように、築山を登っては駆け下り、遊具によじ登っては飛び降ります。体を動かすことそのものを楽しみ、その楽しみを通じて身体の機能を自ら伸ばしていく姿がそこにはあります。

　また、ある子どもは美味しそうな木の実を獲るために、木登りに挑戦しています。別の子どもは昆虫を捕まえようと、息を潜めて静かに草むらの中を進んでいます。なかなか目的は達成できませんが、失敗するたびに新たな創意工夫を行い、そう簡単には諦めません。

　数人のグループでボール遊びに興じる子どもたちは、ときおり小さな輪をつくっては、ルールを確認し合ったり、新しい遊び方のアイディアを伝え合っています。協同的な遊びにつながるコミュニケーション能力は、運動遊びのなかでも育まれているのがわかります。

　運動会はこうした、日々の生活のなかで子どもたちが楽しみつつ身に付けたり伸ばしたりした、さまざまな資質・能力を保護者の皆様と共有し、その成長をともに喜び合う機会にしたいと考えています。保育者は子どもたちと、おうちの方に何を見てもらいたいか、何を一緒にしてほしいかを相談し、当日のプログラムをつくりあげています。

　当日は、保護者の皆様にも思いきり心を動かして応援し、思いきり体を動かして親子競技を楽しんでいただきたいと願っています。そして、運動会が終わっても、子どもたちの挑戦や探求は続きます。ご家庭でも引き続きともに楽しんでいただければ幸甚です。

ポイント解説

　保育園・幼稚園・こども園等において運動会という行事は、保護者にとって大切なわが子の成長を目で見て、耳で聞いて、肌で感じて喜びを味わえる、楽しみな取り組みです。保育者にとっても、保護者に園の環境や方針を理解していただく貴重な機会となります。取り組みが、ともに子どもの育ちを支えるパートナーシップの強化につながることが求められます。

(1) 伝えたいこと

　運動会は保護者にとって楽しみな行事ですし、保育者にとっても日頃の保育の成果を示す貴重な機会でもあります。しかし、乳幼児期の発達の特性を考慮すれば、保護者に見せることに比重を置きすぎず、日々の生活や遊びとの連続性を重視した取り組みとすることが望まれていることを保護者と共有することが大切です。

　また子どもたちは体を使った遊びのなかで、運動機能だけではなく思考力・判断力・表現力を自ら育み、社会性を伸長していきます。子どもは遊びを通じてさまざまなことを学び、その学びには身体的発達・社会的発達・精神的発達が総合的に含まれています。そうした乳幼児期の教育の特性について、保護者の理解を深めておくことも重要です。

(2) 工夫点

　子どもたちが展開する具体的な遊びを描写し、保護者がお迎え時に目にする光景や、子どもたちとの会話によって抱いているイメージを想起することで、日々の生活と連続した運動会という位置づけの理解を促しています。

　保育者主導ではなく、子どもとともにつくりあげていくプロセスに触れ、保護者にとっても参加型の取り組みであることをイメージしやすくしています。

(3) 注意すべきこと

　啓発的な色合いが強く出過ぎると、保護者とのパートナーシップを醸成することにつながりにくくなります。一緒に楽しみましょうというメッセージを主眼とすることに留意しましょう。

（中村　章啓）

運動会

過程（プロセス）のなかで

　いよいよ運動会を迎えようとしています。

　幼児クラスプログラムの一つに4クラスごとに実際に子どもが1人乗ることができる乗り物を作成し、3人1組制のリレーがあります。乗り物の形状は子どもたちに委ねられます。実際に使用する教材や素材も自分たちで選んだり、欲しい物があれば全体に呼びかけをしたり、保護者等を巻き込み収集していき、"どのテープが強い？""なんでここが壊れた？""羽根を付けたら速くなる？"など試行錯誤しながら真剣にオリジナルの乗り物をつくりあげていきます。また、完成してからも勝てるようにと相談したり、試走と改良を繰り返したりするなかで喜びや葛藤の感情に出会いながら日々を過ごしていきました。

　この取り組みで最も大切にしているのは、立派な乗り物を作成することでも勝敗でもなく、取り組んできた過程（プロセス）です。過程のなかで子どもたちは主体的に対話を繰り返しながら学びを深めていきます。つまり生活のなかでアクティブラーニングを繰り返しているのです。上記の子どもの姿と紐付けていくと、"物の性質に気付き探求する""物事を分析し自分なりの答えを見出し周りへ発信する""クリエイティブなアイデアを提案する"ことなどに繋がっていきます。またこの視点は、目には映らない心の動きなどの内に秘められた姿にも価値観を置き私たちが子どもの姿をとらえていくうえで大切です。

　プログラム冊子の内容も子どもたちの歩みが感じられるようにと担任が工夫しました。幼児クラスでは当日の姿と過程の繋がりを感じていただくこと、乳児クラスでは親子で楽しく身体を動かすこととともに幼児クラスの姿を将来のわが子と重ね今後の育ちのイメージを持っていただければ嬉しく思います。子どものありのままを受け止め成長を喜び認め合う、そんな運動会でありたいと願います。

ポイント解説

　保護者は当日の様子しか感じることができません。"できる""できない"という価値観にとらわれるのではなく、過程（プロセス）にこそ大切な意味があるということを発信することが大切です。

(1) 伝えたいこと

　目に見える姿だけに成長や学びがあるのではなく、目には見えない心の動きや、経験していく過程のなかで獲得していく保育の重要性を保護者と共有していきます。園の考えと保護者の価値観を結び付けていくことで子ども理解は深まり、子どもは自尊感情を抱きイキイキと自分らしさを開花させていきます。

(2) 工夫点

　取り組みの意図や子どもの育ちや学び、園の考え方が理解しやすいように、具体的な説明をしています。そのなかで運動会のプログラムを一つ紹介し取り組み、子どもの経験、学びの視点順に関連付けて説明するなかで、"遊び＝学び"という繋がり、結果ではなく過程の大切さが伝わるようにしました。また、あわせてプログラム冊子の案内をし、担任が想いを込めて作成した内容がたくさんの方の目に留まり、子どもたちの歩んできた営みにさらに興味を抱いていただけるようにしています。

(3) 注意すべき点

　伝えたいことが先行し過ぎてしまうと固い文章になりやすく、読み手によっては読みにくいものになってしまう場合があります。大切なのはイメージしやすく伝わる文章を意識することです。

（藤田　勲）

運動会

運動の秋です！！

　先日5、6人の年長組の子たちが運動会の練習で、縄跳びをしていました。そのなかのＡちゃんは、練習を始めたばかり。縄を回すのもおぼつかない様子で、やっと縄を回せても跳ぶタイミングが合わず足が引っ掛かってしまいます。そのうち、「あー、疲れた、もうやめた」と言って保育室に戻って行ってしまいました。

　はじめてのこと、むずかしいことは、子どもたちがこれから生きていくなかでそれこそ山のようにあるでしょう。今までにやったことがないから、一度失敗したから、と言って尻込みしてしまうのではなく、「できるようになりたい」「もう一度がんばってみよう」と思える心の基盤を育てるためには、ちょっとむずかしいことを乗り越え、できるようになる体験を積んでいくことが必要です。

　一生懸命がんばったからこそ、悔しい思いをしたからこそ、乗り越えたときの満足感、達成感も大きく、自信にもつながります。失敗やマイナスの体験からこそ学べる生きる力も、幼稚園では育てていきたいと考えています。

　昼食の後の玄関ホールに、繰り返し縄跳びをするＡちゃんの姿がありました。さっきは途中で嫌になってしまったけれども、やっぱりできるようになりたい、そう思って再挑戦しているのでしょう。きっと何日か後には、「できた！」と大きな達成感を味わえるはずです。私は心のなかで"今がＡちゃんの心が育っているときだ!!がんばれ、がんばれＡちゃん！"とエールを送りました。

　運動会では、子どもたち一人ひとりのがんばる姿を、できるようになった表現や技だけではなく、その過程を、感じ取っていただければと思います。子どもたちに温かいご声援をいただけますよう、皆様のご来場をお待ちしております。

ポイント解説

　運動会はどの園でも開催される大きな行事の一つです。

　さまざまな運動遊びに取り組み、自分の力を発揮して、自分に自信をもつことのできる機会となります。また、保護者にとっても子どもの成長を感じるよい機会です。

(1) 伝えたいこと

　運動会について巻頭文を考える際に、いくつかの視点があると思います。

　たとえば、

○子どもたちの取り組む姿勢やがんばりについて

○運動会を通じて園が育てたいと考えていることについて

○子どもたちの運動能力や、運動機能などの育ちについて

などです。

　運動会は、子どもたちにとって学びの多い行事です。保護者や地域に伝えたいことがたくさんありますが、あれもこれもとなると分かりづらくなってしまいます。この巻頭文を通して何を伝えたいか、どの視点で書いていくか、を明確にすることが必要です。

(2) 工夫点

　今回は運動会を機に、保護者にも幼児期の運動機能の発達、ということを考えてもらえるような内容にしました。そこで、幼児期の運動機能の発達を具体的に、保護者に分かりやすく伝えるために、子どもの獲得している動作を分かりやすく、なるべく多くあげるようにしました。

（和田　万希子）

運動会

世界で一つのアート展

　世界で一つのアート展、作品を通じて子どもたちの成長を感じていただけるものと思います。園では出来上がった作品だけでなく、作品を生み出すに至った子どもたちの心のドラマや経験を大切にしています。園庭でやっと捕まえた虫、種を植え水やりをし時間をかけて収穫した野菜、楽しかった夏祭りやウインターフェスタ、泥団子をつくったり、園庭の片隅で聞こえた風の音、柔らかな日差し、先生の膝で読んでもらった絵本、やっと上がれるようになった園庭のロフト等、園には子どもたちの心のドラマがたくさん詰まっています。今回展示する作品は、そんな子どもたちの心のドラマが形になったものです。作品やエピソードを通じて子どもたちとの心の対話をぜひお楽しみください。

○作品について

　園では絵や制作活動に際し、保育者が用意したお手本どおりに作品をつくるというより、子ども自身が表現したくなる感動体験を重ね保育者は子どもと話し合い、ヒントを出し環境を整え、子ども自身が作品をつくります。同じ体験から絵や歌、制作や踊りが生まれます。それらはすべてすばらしい作品です。

　子どもの作品はアートとしてもすばらしいものがたくさんあります。大人にはけっして描くことのできない絵、色使い、想像もできない発想があります。子どもは人類のクリエイターの役割を担っているようです。ピカソや岡本太郎といった芸術家の方も子どもの作品の芸術性に深い感動を述べています。

　アート展では子どもたちのドラマや経験、子どもたちがつくり出す世界の不思議さ、すばらしさを感じていただけると思います。ぜひ、ご来場をお待ちしています。

ポイント解説

　作品展は子どもたちの園での活動、それまでに行われてきた活動や体験を作品として表現するものです。保護者の方にわが子の成長をお伝えする大切な機会になります。

（1）伝えたいこと

　作品ができるまでのドラマや子どもたちの体験を併せて紹介します。作品展を通じて保育者が主導し手本どおりにつくる作品ではなく、子どもが主体となる、子ども自身の心の表出を大切にするという園の保育の考え方を伝えます。

　子どもの作品はアートとしても見るべきところが多い、心の表現としてさまざまな作品の形があることをお伝えし、子どもへのリスペクトや子どもの作品を大切に扱う気持ちを伝えます。

（2）工夫点

　具体的に園での活動や体験、子どもたちの姿を伝えること、作品展には作品にまつわる子どもたちのエピソードを添えることを伝え、保護者の方の関心を喚起します。当日の展示もアートとして大切に展示をする工夫が大切です。

　園の保育の方針などは、段落に分ける、小見出しを付けるなど分けて書くことで分かりやすくなります。

（3）注意すべき点

　作品展を単独の行事として考えるのではなく、年間を通じた園での生活や活動を伝える行事ととらえる視点が大切です。そのためには日ごろより子どもたちの活動や生活の様子をドキュメンテーションやクラス便り、登降園時のていねいなコミュニケーションでお伝えしておくことも大切です。たとえば、普段から泥団子にまつわるエピソードを伝えていれば「あのとき、先生が言っていた泥団子ね。先生の話では当初ピカピカにできなくてかんしゃくを起こしていたと聞いていたけれど、この泥団子はピカピカで絵具まで塗ってある！」と保育の様子だけでなく、子どもの成長を実感する機会となります。

（下田　貴史）

創作活動・作品展

子どもが輝く作品展

　作品展が近づいてきました。本園の作品展は、見栄え出来栄えの
よいものを展示するという作品展ではありません。作品に至るまで
の過程を大事にしています。その過程で子どもたちに育てたいこと
を大切にしています。

3歳児：基本的な技能の習得（のり、はさみ、セロテープ等）。
　　　　つくることが楽しいと思う気持ちを大事にすること。

4歳児：自分の力でやり遂げた喜びを味わえるようにすること。
　　　　物をつくることの楽しさを味わうこと。

5歳児：友だちと協働し、目的に向かって試行錯誤しながらつくり
　　　　あげる喜びを味わうこと。意見の相違があっても友だちと
　　　　話し合い、互いに尊重し合いながら作品づくりを進めてい
　　　　く大切さを知ること。

　子どもの作品にはその子なりの思いがたくさん込められていま
す。つくる過程では、一人ひとりの個性が引き出せるように子ども
への声かけを十分にしながらその子の思いを表現できるようにして
います。

　年長組は小さい組の子どもたちのために、段ボール箱で乗り物を
つくったり、お店屋さんを開いてお客さんとして招待したりもしま
す。そこでは、小さい組の子どもたちを楽しませてあげようと一生
懸命な年長組の子どもたちの成長した姿を見ることができます。

　このような活動が幼稚園の一番大きい組としての自覚を育て、自
分たちができることを実現することを通して、自分の成長を感じ、
自己有能感を味わうことにつながるのです。

　今年のテーマは「たのしい〇〇（園名）ランド」です。

　作品ができあがったときには、園全体が楽しい遊びの場になって
いることでしょう。どうぞお楽しみにご参観ください。

ポイント解説

　作品展はその園によってコンセプトがさまざまです。

　これまで取り組んできた園独自のコンセプトがしっかり伝わるように書きます。

　本園はできあがったものよりもつくる過程で子どもに育つ力や身に付ける力を大事にしているので、そのようなニュアンスで書きました。

　つくるプロセスを大事にすることは園のすべての活動につながる大事な視点です。保護者にも理解してもらえるようにしたいものです。

（1）伝えたいこと

　作品を見栄えよく仕上げる指導に力を入れることよりも、子どもたちがどのような過程を経て作品をつくってきたかが大事であることを強調する巻頭言にしたいと思います。

　年齢によって育てたい内容やその時期に身に付けさせたいことが違うので、そのことが伝わるように紹介することが大事です。子どもたちの作品づくりのプロセスを簡単に紹介するのも一つの方法だと思います。

（2）工夫点

　作品展で保護者に見てほしいポイントを作品の近くに掲示しておくことが大事です。保護者は参観するときにそのような視点で見てくれると思うので、その子なりの努力の成果や教育内容を伝える効果があります。

　園にとってはたいへんな取り組みになりますが、教員に早めに話をしておき、しっかり準備するよう伝えておくことが大事です。ぜひ、取り組みたいことです。

（3）注意すべき点

　作品展を鑑賞する保護者のなかには、他の子どもの作品と比較してよし悪しを口にする場面を見かけることがあります。保護者の鑑賞する姿勢は、わが子の成長に支障が出る場合があることを事前に注意するように心がけます。

　一つひとつの作品には、つくった子どもの思いがたくさん込められていることをくみ取ってその子のよさを見ていくように指導することが大事です。

（山形　美津子）

創作活動・作品展

お店やさんごっこ

　当園の大きな行事の一つに、お店やさんごっこがあります。たかがお店やさんごっこと思われるかもしれませんが、実は、子どもたちがたくさんのことを経験できる貴重な機会なのです。

　３歳以上の子どもたちが、異年齢の子どもたちといくつかのグループに分かれます。一つのグループに一人の保育者もかかわり、まず、子どもたちとどんなお店を出すかを相談して決めます。真っ白な状態から計画を始めますので、子どもたちのアイデアによって決まるお店の種類は、毎年さまざまです。八百屋さんのようにスタンダードなものから、水族館やお化け屋敷のように、大人が「お店やさん」という概念からは想像しないようなものが飛び出します。単に商品の売り買いをするだけでなく、お金のやりとりという共通項があれば、子どもたちにとっては「お店やさん」になるようです。

　さて、お店が決まると次は売るもの、見せるものの製作が始まります。その対象を図鑑や絵本で調べたり、必要な材料を考えたりしながら、イメージを膨らませます。子どもたちの創作活動というと、一人ひとりが個別に作品を仕上げていくものもありますが、この行事には、仲間と協働する力、そして、そのためのコミュニケーション能力も必要になります。時には、意見のぶつかり合いもありますが、子どもたちはそうした経験を重ね、目をキラキラさせながら作品を完成させていきます。その想像力、そして、創造力には、保育者も目を見張るものばかりです。

　お店に使う材料として、ご家庭に廃材等の提供をお願いすることもありますが、趣旨をご理解いただきご協力賜れれば幸いです。各グループの取り組みの様子は、保護者の皆さんにも見ていただけるようファイルにして玄関に置いてありますので、送迎等の際にご覧ください。

ポイント解説

　創作活動は、子どもたちが感じたことや考えたことを表現し、感性や創造性を養う機会です。当園では、それにプラスの要素を加えられるよう環境設定をし、子どもたちが楽しく行事に参加できるようにしています。保護者にも、園における保育の視点を理解していただき、保育の価値を理解してほしいと考えています。

（1）伝えたいこと

　基本的なこととしては、子どもたちの日々の遊びが単なる遊びではなく、学びの場であることを伝えたいと思います。さらに一つの遊びも工夫次第で、いろいろな気づきの場へと発展します。園行事の進め方を順を追って説明するとともに、その意義を伝えるなかで、保育という営みを保護者に理解してもらいたいと考えています。

（2）工夫点

　園の取り組みを順を追って説明することで、読者である保護者が、頭の中でその様子をイメージできるようにしました。また、下書きの時点では「縦割りクラス」とか「3歳以上児」といった保護者が聞きなれない言葉が入っていましたが、保育者中心の文章にならないよう表現を改めました。

（3）注意すべき点

　園における保育の内容に関心のある保護者もいれば、そうでない保護者もいます。文章で伝える機会と口頭で伝える機会やタイミングを考えながら、保護者に保育の内容が浸透していくことが大切だと思います。第一希望として入園していない場合には、最初から、園の方針を理解してもらえない場合もありますが、子どもたちを中心に据えた対話が、次第に進むようになることが理想ではないでしょうか。

（深町 穣）

創作活動・作品展

0歳児から子どもが選ぶ発表会

　もうすぐ生活発表会です。子どもたちは毎日発表会の練習を楽しんでいます。1歳児の〇〇組さんは『はらぺこあおむし』の劇遊びをします。

　〇〇組のお友だちは『はらぺこあおむし』の絵本が大好き。先生に絵本を読んでもらったり『はらぺこあおむし』の歌を聴きながらのパネルシアターを見たりするのもお気に入りです。絵本の時間には自分の好きな絵本を選んで読むのですが『はらぺこあおむし』の絵本は取り合いになるほどの人気です。

　最後のさなぎがちょうちょになる場面では、子どもたちは両手をはばたかせ、自分もちょうちょになりきります。先生が子どもたちと一緒に画用紙で羽をつくると、大喜びで手につけ、はばたいています。そんな遊びのなかから、今回の演目をつくっています。

　生活発表会は0歳児さんも含めたすべてのクラスで、子どもたちが大好きなものを担任の先生が見つけ、遊びを深めて発表会につなげています。そして、2歳児クラス以上は子どもたちと先生が話し合いながら、出し物を選びます。年長さんになると、出し物を子どもたちが率先してつくっていくのを担任がサポートしています。

　今の世界は大きな変化のなかにあると言われています。子どもたちは言われたことを言われるようにする力ではなく、自分で好きなものを選んで、お友だちと一緒に楽しんで打ち込んでつくりあげる力、そのような力が必要とされています。発表会では、園で育んできたこの子どもの主体的な活動の成果を見せられるようにしています。

　演目の前に、子どもが先生と出し物をつくっていく様子をスライドでお伝えします。どうぞ、本番ではそちらも楽しみにしてください。

ポイント解説

　生活発表会は大掛かりであるほどよいと保護者が考えてしまうような言動を、保育士や園で無意識にしていないでしょうか。規模の大きさよりも、子どもが自らつくっていくことが大切であることを意図的に伝えていきましょう。

（1）伝えたいこと

　大掛かりなことをするのが「よいこと」ではなく、子どもが好きなことを自分で選んで深めていくことが大切だと伝えます。子どもの主体性を担任たちが支えていくという国の指針や要領などに沿った保育を、子どもの姿と一緒にていねいに伝えることが大切です。

（2）工夫点

　オンラインでのICT連絡帳を使って手紙を出すところも増えてきています。形式ばった枕詞はあえて使わず、子どもの姿の共有を多くしています。

（3）注意すべき点

　指針などの背景にあることは自明なこととして、引用や説明をせず言い切って、子どもたちの姿を伝えることにスペースを割いています。また次の機会に、行事とは別に主体性について引用をしっかりとつけて伝えるお便りを書いてもいいですね。

（4）補足資料

○要領・指針などのなかで言われる、主体性について

　大元千種「幼児教育・保育における子どもの主体性についての考察」『別府大学短期大学部紀要39』43 ～ 55頁、2020年。

○子どもの将来の学びにつながる力について

　経済協力開発機構『社会情動的スキル──学びに向かう力』明石書店、2018年。

（山本 ユキコ）

1年間の集大成「子ども会」

　今年度も残すところ、ひと月となりました。2月末の「子ども会」では、それぞれの組の園児の成長した姿をご覧いただけたことと思います。子どもたちにとって、劇をしたり、合奏をしたりすることが、貴重な体験の機会となったことと思います。

　園児たちの活動は興味を持ったことをスタートに、ごっこ遊び、衣装づくり、お面づくり、絵、歌、合奏、ダンス、積み木遊び、絵本、縄跳び、かけっこ多岐にわたり、それぞれの活動がつながっています。総合芸術、表現です。これが小学校に入学すると教科に分かれての授業になります。図画工作、音楽、体育となっていきます。劇は小学校では学芸会へとつながっていきます。

　「幼稚園教育要領」では幼稚園教育が、小学校以降の生活や学習の基盤の育成につながることに配慮し、幼児期にふさわしい生活を通して、創造的な思考や主体的な生活態度などの基礎を培うようにするものとする、とあります。

　子ども会の練習や発表を通して、それぞれの組ごとに感じたことや考えたことを自分で表現したり、友だち同士で表現する過程を楽しんだり、表現する喜びを味わい、意欲を持つようになりました。

　今後も、園児の健やかな体と豊かな心を育てるために、さまざまな体験活動を充実させていきたいと考えています。きっと〇〇組の子どもたちは幼稚園で学んだことを生かして、小学校でも活躍してくれることでしょう。

　1年間、保育、教育活動にご理解・ご協力いただきましたことに、心より感謝申し上げます。

ポイント解説

　3学期に実施する「子ども会」や「発表会」は各クラスの1年間の集大成でもあり、活動を意味づけて保護者の方に理解していただくようにします。そして、1年間の保育、教育活動へご協力いただいた感謝の気持ちも伝えましょう。

（1）伝えたいこと

　まず、子ども会、発表会での劇や合奏にはどういった教育的な意味合いがあるのかを保護者の方に分かるように伝えます。体験活動の大切さや、園児たちの活動のスタートはそれぞれの興味・関心にあるということです。日頃からのごっこ遊びや、歌や造形活動の経験が積み重なって、発表の場に至っているのだと理解していただきます。そして、このような体験が、小学校に入学したときには、学芸会や音楽会、展覧会等に繋がるのだとイメージできるようにします。

（2）工夫点

　園のいろいろな活動の根底には「幼稚園教育要領」があるということを伝え、幼稚園教育が、小学校以降の生活や学習の基盤の育成につながっているんだということを伝えます。そして、今後も園児の健やかな体と豊かな心を育てるためには、「子ども会」や「発表会」等の体験活動、発表を充実させていきます、という園の方針を示します。

（3）注意すべき点

　先生に指導されて取り組んでいるのではなく、自分で考えたことをもとに表現したり、友だちと表現する過程を楽しんだりすることがポイントだと伝えます。上手に表現するためではなく、楽しんで表現することが大切です。　　　　　（本間　基史）

発表会

ありのままが100点満点

　まず前提としてこの生活発表会も、当日の出来がそれぞれの子どもたちにとっての100点の姿です。舞台に上がる一歩を何とか踏み出せたものの、ずっと固まってしまう子ども、ふざけて気持ちを紛らわせる子ども、見られる喜びを感じていつも以上にはりきって役になりきれる子どもなどきっと様子はさまざまですが、それぞれがそれぞれの葛藤と向き合った結果として、精いっぱいの姿を見せてくれます。ぜひお帰りになったら、その一人ひとりの姿を認め、ほめてあげていただきたいと思います。

　幼児期の発達について少し触れておきたいと思います。

　幼児期は、他者の気持ちに立って自らを客観的にとらえるということは発達的にまだまだむずかしい段階です。そんななかで、自分以外の何かになりきることを通して、少しずつ客観的な視点を獲得していくというのが幼児期の発達です。普段であればキャラクターになりきった戦いごっこ、おままごとといった遊びに没頭することを通して、客観的な視点を獲得していきます。つまり、子どもたちは本能的に、主体的な遊びを通して客観的な視点を持つための育ちを積みあげているともいえます。

　当園の生活発表会は、そのような日常の遊びをベースとした生活の延長線上に、自分以外の他者を演じる経験をすることによって、クラス全員が客観的な視点のなかで同時に同じ体験を共有するねらいをもっているものです。それらの経験を通して、自分以外の他者の存在を認め、受け入れていく優しさを獲得していく源となります。

　ここに至るまでの子どもたちのさまざまな葛藤と達成感を、当日はぜひお楽しみいただけたら幸いです。

ポイント解説

　ついつい大人目線での出来栄えにばかり目を向けてしまう発表会ではありますが、主役である子どもたち一人ひとりの違いやよさが認められ、温かな気持ちで保護者が発表会を見ていただけるように園から発信することが大切です。

(1) 伝えたいこと

　当日の子どもたちの姿が100％であって、その100％がどのような表現であるのかは"大人ではなく子どもが決める"ということが保護者と共有したいポイントです。そのことを前提に、各ご家庭でも一人ひとりががんばった姿を認めることで、引き続き園での活動に子どもたちは自信をもって取り組むことができるようになります。

(2) 工夫点

　ただ単に園での劇遊びの取り組みだけを伝えても、いったいそれがどのような育ちと繋がっているのかは保護者にとって分かりにくいものです。幼児期の発達と関連付けながら園での活動をお知らせすることで、それぞれの活動に対する保護者の理解も格段にあがります。劇遊びの場合にはまさに、何かになりきることで客観的な視点を獲得し、それがつまり自分以外の誰かを思いやる気持ちに繋がっていくということが理解されやすくなるでしょう。

(3) 注意すべき点

　各園の発表会に対するねらいはさまざまだと思いますが、行事に対するねらいを保護者に明らかにし、どのような視点で子どもたちの姿をとらえてほしいかを共有することが大切です。　　　　　　　　　　　　　　　　　　　　　　　（安家 力）

良心を見つめる機会

　クリスマス会が近づいてきました。当園はクリスマス会を子どもたちの人生を幸せにする行事の一つとしてとらえ、大切にしています。

　クリスマスとは降誕祭とも呼ばれ、イエス・キリストのお誕生日として知られています。けれども、もしかしたらサンタクロースが来るときと思っている子どもも少なくないかもしれません。いずれにしても、イエス・キリストは善、そして愛の精神で知られ、サンタクロースはよい子にプレゼントをくれることで知られています。この両者の根本は、良心に生きることへ向かっている点で共通です。当園も、クリスマス会は心を見つめる機会ととらえ、子どもたちとともに良心について考えています。

　子どもたちが生きている乳幼児期は、すべてにおいて人生の土台を築いている時代です。このときに、「人として生きること」「社会のなかで幸せになること」へ向かうすべを身につけていくことは、その後の人生において宝です。その宝物を手にするために、乳幼児期にこそ取り組んでおきたいことの一つが、良心の育成です。この良心の育成を核として、「生きること」「幸せになること」を大切にする姿勢（「保育所保育指針」における、心情・意欲・態度）を育みたいですね。そのためには、まず家族を大切にすることが第一歩になります。なぜなら、自分を大切にし、家族も大切にできない人は、人を大切にすることができないからです。

　楽しいクリスマス会だからこそ、良心を核として「生きること」「幸せになること」を考える機会にしていきたいですね。

ポイント解説

(1) 伝えたいこと

　良心の育成は乳幼児期にすべきで、これが幸せの土台となります。

(2) 工夫点

　クリスマス会については、アドベントクランツやアドベントカレンダーを手作りする等をして、「(自分以外の) 人のためにがんばったこと」「親切にしてあげたこと」など、「たくさんのやさしさ」「ありがとう」をもみの木に飾りクリスマスを迎えるのも可能です。

(3) 注意すべきこと

　おうちの人を巻き込むことで子どもたちも夢中になれるので、七夕の短冊のようにおうちの人たちの想いを書いてもらったりしても楽しいです。ご家庭と楽しみながら、子どもたちの良心を育む姿勢を大切にしたいものです。

(4) 補足資料

　アドベントクランツ:「アドベント (＝待降節)」は、イエス・キリストが生まれるまでのお祝いの期間を指します。「クランツ」とは、「冠」の意味があり、一般的なアドベントクランツは円形で、円は終わりがないことから、無限の神の愛を象徴していると言われています。その上にある4本のロウソクの1本ずつに、クリスマスから数えて4週間前の日曜日からカウントダウンして点灯していき、クリスマス当日を楽しみに待ちます。

　アドベントカレンダー:アドベントカレンダーとは、クリスマスまでの期間に日数を数えるために使われるカレンダーです。実際には、12月1日から24日までの「窓」があって、「窓」を開くと写真やお菓子や詩などが入っているという仕掛けになっています。

(伊能　恵子)

餅つきで育まれたこと

　日本では、古来より稲作を大切にしてきました。稲は神聖なものであり、稲から取れるお米を使ってつくる餅には、力が宿っているということから、おめでたい日には、お餅をいただくという文化が定着したと考えられているそうです。また、餅つきは一人ではできないため、関わった人々の連帯感を強める側面もあります。

　先日の餅つき会では、保護者や地域の皆様から多くのご協力をいただき、誠にありがとうございました。園の子どもたちにとって、日本の伝統文化に直接触れ、餅米がお餅に変化する様を間近に見ることができる、貴重な機会となりました。

　つき手や返し手の保護者の皆様や、餅をつく友だちに向けて「よいしょ、よいしょ」と大きな声援を送る子どもたちの姿と、子どもたちが餅をつくときの、保護者・地域の皆様と教職員の子どもたちに向けられた温かいまなざしを拝見し、園全体の一体感を感じました。

　餅米は電気やガスの力に頼らずに蒸かしました。かまどに薪をくべてお釜の湯を沸かし、お釜の上に餅米の入ったせいろを乗せるという、古来のやり方です。このやり方は、多くの保護者の皆様にも関心をもっていただけたようです。薪のはぜる音、炎の揺らめき、湧き上がる湯気……。保護者の皆様にも餅つきならではの雰囲気を感じていただけたのではないのでしょうか。

　ICTが急速に発達している現在、さまざまなことを直接体験することが幼児期にはとても重要だと考えています。子どもたちが日本の伝統文化にたっぷりと触れ、「風景」「音」「匂い」「温度」等を諸感覚を通じて実感し、記憶に残るようにしたいと思います。そして将来、子どもたちが、次の世代の子どもたちに日本の伝統文化をしっかり伝えられる大人に育つことを強く願っています。

ポイント解説

　餅つきを園の行事として取り入れている園は多いかと思います。食品を扱うので、衛生管理など、留意すべきことも多くありますが、幼児にとっては貴重な体験となります。

（1）伝えたいこと

　餅つきは日本の伝統文化の一つであると言えます。その古来の伝統文化に幼児が触れる意味を伝えたいと考えます。また、今の保護者世代でも、餅つきを体験したことのある方は、それほど多くないと思います。ですから、保護者にもその行事の意味や由来などに興味や関心をもってもらえるような内容にしたいものです。

　そのうえで、幼児がその行事を体験することで育つことが期待されることや、園として幼児をどのように育てたいのかを理解していただけるような内容を記述します。

（2）工夫点

　その場に居合わせた人が、そのときのことを振り返ることができるように、また、居合わせなくても、その場の雰囲気が伝わるように、そのときの状況を思い浮かべることができるように具体的な情景を記述するように工夫しました。

（3）注意すべき点

　園で取り組むさまざまな伝統行事について、保護者や地域の方々に興味や関心をもっていただくために、その由来や歴史的な背景に触れることは大切です。ただし、これらのことは、諸説あることが多いので、あまり決めつけるような表現は避けたほうがよいかもしれません。

　また、保護者や地域の方々に、協力していただいたことに感謝の意を表すとともに、保護者や地域の方々の力が幼児の育成の一翼を担ってくださっていることも、積極的にアピールしたいことです。

（仙田　晃）

クリスマス会・餅つき大会

五感で味わう餅つき大会

　12月に入り、寒さは一段と厳しくなってきましたが、一方でクリスマスやお正月と家族が集まる楽しい行事があるこの時期は、心が温まるシーンがたくさんありそうです。体調管理に気を付けて寒さに負けず元気に過ごせるようにしていきましょう。

　さて日本には古くから伝わる伝統的な行事がたくさんあります。当園では、お正月を迎える準備として餅つき大会を行います。当日は年長組の子どもたちと有志のお父様方が一緒にお餅をつきます。そしてつきたてのお餅はお手伝いの保護者の皆様の手で、おいしい味付け餅となり子どもたちがいただきます。

　昔ながらの方法にこだわって行う餅つき大会は、子どもがさまざまなことを学ぶ機会となります。朝から火を起こし餅米を蒸す匂いや、餅つきの道具臼や杵を見たり触れたりする経験。お餅をついたときの音や感覚。つきたてのお餅の感触や味など五感をフル回転させながら参加する体験学習です。子どもたちはこの餅つきを経験し、伝統文化を知り、みんなで協力して行う共同性も学びます。

　この活動は食品を扱いますので、食中毒や感染症に十分注意が必要です。本人の体調不良やご家族で胃腸炎の症状がある場合にも参加を見合わせていただくことがございます。体調面でご心配なことがあるときには、看護師にご相談ください。

　伝統行事を地域で行う機会が少なくなっている今、保護者の方にご協力いただきながら、実施できることに感謝しています。当日もどうぞよろしくお願いいたします。

ポイント解説

　昨今地域のなかでのイベントも減少し伝統文化に触れる機会が減ってきています。昔は自治会や商店街などで行っていた餅つき大会もほとんど見られなくなりました。園で取り入れるにはたくさんの人手と道具などの準備が必要ではありますが、お正月という身近な伝統文化を子どもや保護者と一緒に実施することの意味も大きいと思います。小規模園などでも取り入れられるように、餅つき機で餅をつくり鏡餅を園児と一緒につくって玄関に飾り、お正月の準備を進めていくなどの工夫があると、体験とともに伝統文化に触れる機会にもなります。その園の規模や条件に合わせてできることが重要です。

（1）工夫点

　餅つきを行うには、普段使わない道具が必要になるため、どこでどうやって調達するのか、場合によっては地域の資源の活用も視野に入れながら、準備を進めます。近隣の児童館や自治会で貸し出してくれるところもあり、情報収集します。餅つき機を併用し、食用と子どもが餅をつく経験とを分けて行う考えもあります。園の規模や条件に合わせて工夫して無理なく行うことが大事になります。

（2）注意すべき点

①子どもはお餅をのどに詰まらせやすいため、十分に注意が必要です。お餅の大きさや、食べるときの注意点など事前に子どもに伝えて意識させることも大事な事故防止につながります。冬の寒い季節なので、温かい汁物と一緒に食べることで飲み込みやすくなります。水分を用意することについても工夫したいところです。

②12月は寒さが増しインフルエンザや胃腸炎などの感染症がまん延する時期でもあります。大勢の人が集まるイベントでは感染症対策が欠かせなくなっています。クラスの欠席状況など1週間前くらいから感染症の兆しが見られないか、欠席状況を園全体で持ち寄り、場合によっては保護者へも注意喚起し当日を迎えるようにします。とくにお手伝いで来てくださる保護者の方は責任感もあり無理をしがちなので、体調が悪い場合には無理して参加しないことを、お願いしておくようにします。

（石阪　恒子）

クリスマス会・餅つき大会

若木に育った子どもたち

　春の息吹が感じられる３月となりました。３月は旧暦で「弥生（やよい）」です。弥生の語源は草木の芽吹く「いやおい」から「やよい」となった説が有力だと言います。子どもたちは、寒い時期から春に向けて、まさに草木が芽吹くごとく勢いよく成長しています。

　卒園を前にした子どもたちの様子を見ますと、小さなお友だちと楽しく遊んだり、お世話をしたりする姿が毎日のように見られ、とても誇らしく思います。入園時、あんなに小さく幼かった子どもたちのことを懐かしく思い出します。登園のときに泣いていたあの子、保護者さまのお迎えを待ちきれなかったあの子、今ではとっても立派なお兄さんお姉さんになりました。

　保育園ではたくさんの行事がありました。七夕では、保護者さまに手伝っていただき、将来の夢を書きましたね。お花屋さんや消防士など、たくさんの夢が笹の葉に揺れていました。運動会や発表会ではグループで協力して一つのことを成し遂げました。

　そのように子どもたちは保育園生活を通じて、助け合いや学び合いを積み重ねてきています。なかでも、〇〇園が大切にしてきた「他の人を思いやる心・行動」を身につけることができたと感じています。

　小さな芽だった子どもたちが、いくたびの春を迎え、しっかりとした若木に育ちました。保育園生活からたくさんの栄養分を得て若木となった〇〇園の子どもたちです。きっと大きな木へと育つことでしょう。

　卒園を前に一つお伝えしたいことは、お子さまたちにとっても保護者さまにとっても、この園はホームだということです。卒園後も気軽に立ち寄れる場所だと考えていただけると嬉しいです。〇月〇日の卒園式でお子さまと保護者さまの晴々としたお顔を見られることを楽しみにしています。

ポイント解説

(1) 伝えたいこと

　この巻頭言で伝えたいことは、保育園の毎日が、なんとなく過ぎていっていたものではなく、しっかりとした保育課程と保育者の援助により、「ねらい」をもって保育しており、その成果が出ているということです。

　このお便りでは、保育課程のことではなく結果に言及します。つまり、○○園が大切にしてきた「他の人を思いやる心・行動」を身につけることができたことを強調します。小学校生活では、保育園生活に比べて、協調性、共同性が求められるからです。この点を強調することで、とくにはじめての子どもの就学を控え、不安を感じている保護者の気持ちをやわらげることができます。

(2) 工夫点

　卒園式がテーマなので、3月初旬に出すお便りであると想定し、春の息吹という書き出しとしています。3月が旧暦でいう弥生であるということ、そして「弥生（やよい）」の語源に触れています。それにより、卒園生保護者にとって最後のお便りが格調の高いものとなっています。

　そして冒頭の、「3月は草木が芽吹くとき」だという話にからめて、入園したころの子どもたちを「小さな芽」と表現しています。また保育園での行事や毎日の保育園生活を経てたくさんの経験・知識（養分）を蓄えているということから、しっかりとした若木へと成長したことを伝えています。そして小学校就学以降の成長を見据え、「大きな木」へと育つだろうと見通しを示しています。

　このように、「春の息吹」から「草木が芽吹く」という冒頭の話をうけ、子どもたちを「小さな芽」と例え、いくたびの春を経験して「若木」となったと結ぶことで、一貫したテーマと連続性を感じる文章となっています。

(3) 注意すべきこと

　最後に卒園後も保育園とのつながりは続くため、卒園後も見守っていることを伝えるとよいでしょう

（山本　陽子）

卒園式・修了式

見守り・待ち、心をかけて

　梅の香に心を躍らせたのもついこの間、早いもので明日からは"桜月"を迎えます。園庭に聳える桜の木々にも確実に春は訪れ、ここ数日の暖かさと相まって、日に日に蕾が膨らんでいることが分かります。

　さて、〇年度の園生活も残すところわずかとなりました。この締めくくりの時期に、一人ひとりの子どもが一段とたくましい姿を見せてくれることは、ともに過ごす者としてこれほどうれしいことはありません。過日実施された子ども会での姿がまさにそうでした。さまざまな演目に取り組む子どもたちの姿は自信に溢れ、瞳の輝きに力強ささえ感じました。とは言え、友だちと一緒に創りあげていく過程ではさまざまなことがあったはずです。楽しさとともに、意見や気持ちの食い違い、あるいは我慢しなければならないこともあったことでしょう。しかし、そのような体験こそが、子どもたちの心を一回りも二回りも大きくしてくれたのだと思います。

　葛藤体験は子どもの成長にとり大切であり、あたかも桜の木が冬の間眠っているように見えて、実は春先の生長に向けて多くの溜め込みをしていることに通じているように思えてなりません。私たち大人は、この溜め込みの時期や経験を温かく見守り、豊かな心の成長に繋がる適切な援助を行っていく役割を担っています。子どもは桜と異なり、一斉に花開くとは限りません。咲き方もさまざまです。だからこそ、子どもの力を信じ、見守り・待ち、心をかけて接したいものだと考えます。

　日々、教職員一同子どもたちとの関わりを通して多くのことを学ばせていただきました。また、その後ろには保護者の皆様の温かな眼差しが注がれていたことも感じておりました。改めて皆様のご理解・ご協力に深く感謝申し上げますとともに、お子様のご卒園に心からお祝いを申し上げます。

ポイント解説

　年度の締めくくりは、園・保護者双方にとり、子どもたちの成長を確認し、祝い喜ぶ時期です。卒園生保護者にとっては、最後の園だよりとなりますので、まとめの意味も含め、子どもの成長を確認し、在園中のご協力に感謝するという点を忘れずに伝えることが大切です。また、卒園生保護者だけではなく、他学年保護者も読み手であることを意識し、教育方針等を伝えることも大切な視点です。

(1) 伝えたいこと

　具体的に子どもたちがどのように成長しているのか、また、その姿がどのようなことに結びついていくのか分かりやすく伝えることが大切です。併せて、子育てのあり方について、保護者の気持ちに寄り添いながら具体的に伝えていきたいものです。

(2) 工夫点

　直近の子どもたちの姿から感じ取った成長を具体例としてあげることで、読後「確かにそうだ」と納得してもらえるよう配慮・工夫するとよいでしょう。例文では、2月実施の子ども会の際に実感した子どもの成長を取り入れました。保護者の参観もあっただけに、理解が得られやすいと考えました。

　また、季節の桜を子どもの成長の例えとして、文頭から文末まで一貫して書き表しました。桜に拘らず、園庭にある草花・通園途中に見かける木々・草花等を例にあげると、より身近に感じられると思います。

(3) 注意すべき点

　子どもはもちろんのこと、保護者の喜びの気持ちに寄り添うという気持ちを素直に書き表すことも大切です。

（藤方　洋子）

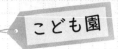

こども園　卒園式・修了式

すばらしい経験

　「卒園・修了式まであと○日」クラスではカウントダウンが始まり、今年度も僅かとなりました。保護者の皆様にご協力・ご賛同いただき、無事１年間を終えようとしておりますが、子どもたちの成長ぶりを見て、何程のことができたのだろうと反省しております。

　２月に年長組の卒園児と「園長と遊ぼう」と称し○○山登山にチャレンジしました。在園中の集大成として、より深く濃く子どもたちと過ごせるように１チーム９人の少人数で８回に分けた山行でした。子どもたちはここでも大きな成長をみせてくれました。

　「夏に登った□□山より低いから簡単だよ」そんな子どもたちの予想に反し急登で足場の悪い岩場の連続に音をあげるかと思いきや「冒険みたいで楽しい、ワクワクする」そんなたくましい言葉が溢れます。「ここで諦めたら男じゃない！」自分に渇を入れながら登る子、遅れる仲間を気遣い後ろを気にしながら登る子、他の登山客のために道を空けるように指示を出すリーダー「おー、周囲の状況を理解し気を遣ってる！」さまざまな成長ぶりが伺えます。行きあう一般登山者が多い○○山。山のルールで「こんにちは」の挨拶に慣れない子どもたち。「知らない人なのに何で挨拶するの？」子どもたちにとっては不思議に見えていたようです。「山では知らない人にも挨拶をすることで気持ちよく登れたり、頂上の様子など教えてもらうこともあるんだよ」そんな風に教えると自ら挨拶をはじめます。なかには「がんばってください」と声を掛ける子も。「いくつ？」「どこの園？」「おにぎり美味しかった？」さまざまな優しい声掛けにどう応えていいか分からずに戸惑う姿は経験不足を感じます。

　登山は「人との関わり」を学んだ貴重な経験でした。自分さえよければいいのでなく、他人への気配り、人との対応能力に磨きをかけ、小学校へ進学してからさらなる成長を遂げてもらいたいと願っています。

ポイント解説

　1年の節目の時期に当たる3月。1年のなかでも最も充実するこの時期の園だよりは、卒園を間近に迎える年長児にスポットが当たることが多くなります。

(1) 伝えたいこと

　保護者にとっても残り僅かな園生活、この園に入園してよかったと思えるような成長をエピソードを交え伝えたいと考えます。それぞれ成長には違いがありながらも、ともに支え合い、助け合い、尊重し合う人格が備わってくれていることを伝えていきたいです。

(2) 工夫点

　2月末に発行される園だよりの3月号。卒園式・修了式の様子や成果は記事にできません。卒園式・修了式の様子は、参席する保護者に直に観ていただき、記事にはこれまで成長を遂げてきた内面に焦点を当てることで、もうすぐ卒園を感じてもらいたいと考えます。

(3) 注意すべき点

　年長児のみにスポットが当たることになりますが、年少・年中児の保護者にとっても「うちの子も、就学前の最高学年を終える頃には、こんなふうに成長が遂げられるのかな」と、わが子に重ね合わせ、期待して観ていただける巻頭言とすることが大切です。

（知久　賢治）

❖ひとやすみ❖

防災や防犯などの合い言葉

　本書にも掲載した「お・か・し・もの約束」の防災の合い言葉は、次のように文字が換わったり、追加されたりしてできたようです。

> 「おはし」（押さない・走らない・しゃべらない）の「は」を「か」（駆けない）にかえて「おかし」に。さらに、「も」（戻らない）を加えて「おかしも」に。

　それから「ち」（近寄らない）を加えて「おかしもち」や「おはしもち」に。小学校では「て」（低学年優先）を加えて「おかしもて」や「おはしもて」。また「す」（すばやく動く）と「き」（聞く）を加えた「おかしもすき」なども。工夫されていますね。

　防犯の合い言葉で普及しているのは「いかのおすし」。

いか：知らない人について「いか」ない

の：知らない人の車には「の」らない

お：あぶないと思ったときに「お」おきな声をだす

す：その場から「す」ぐに逃げる

し：何かあったときには大人に「し」らせる

　「つみきおに」という連れ去り防止の合い言葉もあります。

つ：「つ」いていかない　　　み：「み」んなといっしょにいよう

き：「き」ちんと知らせる　　お：「お」お声で助けを呼ぶ

に：こわいと思ったら、すぐに「に」げる

　「オアシス」は、あいさつの合言葉としても有名ですが、オ（おさない）、ア（あわてない）、シ（しゃべらない）、ス（すぐにげる）と防災の合い言葉にもなっています。

　上記のような合い言葉を活用する以外に、子どもたちへの合い言葉や標語を、保護者の皆さんに募集してみるのもいいかもしれませんね。

3章

トピックごとに見る
巻頭言実例と
ポイント解説

みんなでつくった人形

　先日から、スズメが園庭に干しているイネをついばみにやってくるようになりました。子どもたちは「スズメに食べられちゃうのはいやだ」と、スズメから守る方法を考えています。「食べられないように見ておこう」と気をつけていましたが、保育室を離れている間にスズメが集まってきていることに気付き、「スズメがびっくりするようなものをつくろう」とスズメよけをつくることを思いつきました。「鳥はヘビが嫌いなんだよ」「きらきらするものも嫌いだから、キラキラヘビをつくろう！」と一人ひとりが工夫してできあがったものを、イネのそばに置きました。それでも、スズメがやってくるので、「みんなで大きな人形をつくろう」とさらに違う方法を考えて試すようになりました。「きらきらの服にしよう」「スズメがびっくりするような顔にしよう」とアイデアを出し合いながらつくっている姿を、先生たちはわくわくしながら見守っています。

　子どもたちは、今、みんなで育てたイネを守りたいという共通の目的の実現のために、必要なことを考え、友だち同士で試行錯誤しながらスズメよけの人形をつくりあげようとしています。そのなかで、友だちのアイデアを素直に認める姿も見られ、協同して活動することの大切さを学んでいるのだと感じます。みんなでつくった人形に守ってもらいましょうね。

　先生たちは、スズメにも気持ちを向けてほしいと願い、スズメに関する図鑑や絵本を保育室に並べています。心を込めて育ててきたイネです。きっと美味しいお米ができていることでしょう。スズメにも心を寄せ、「少しだけならいいよ」と分けてあげようとする子どもたちの優しい姿が目に浮かびます。

ポイント解説

　5月に子どもたちと苗床をつくり田植えをしてから、定期的にイネを観察する機会をつくってきました。そのなかで、子どもたちは、イネの生長に関心をもち、いろいろな気付きを伝え合う経験を積み重ねてきたことで、イネを大切に思い、スズメから守りたいという思いを共有しました。その方法を友だちと考え合い、繰り返し試行錯誤する経験を重ねるなかで、協同性が育まれていった姿を取りあげました。

(1) 伝えたいこと

　協同性は、すぐに育まれるものではなく、友だちとの関わりを深めるなかで、思いを伝え合ったり、試行錯誤したりしながら、一緒に活動を展開する楽しさや、共通の目的が実現する喜びを味わうなかで育まれていくものです。友だちとの関わりの深まりや教師や友だちと遊び込んでいる活動が基盤となっていることをしっかりと伝えていきたいです。また、そのなかで、どのように思いを伝え合っているのか、試したり工夫したりしているのか、共通の目的とは何かなど、具体的な子どもの言葉や表情を通して伝えることで、どのように協同性が育まれていくのかが分かりやすくなります。

(2) 工夫点

　今後の子どもたちの様子により関心をもってもらうことができるように、予想される姿を書き込みました。保護者もわくわくしながら見守っていただけるきっかけとなればと思います。また、子どもたちが展開してきた活動のなかには、協同性だけでなく、いろいろな心の育ちがあることを感じ取ってもらえるとよいです。

(3) 注意すべき点

　先にも述べましたが、協同性はすぐに育まれるものではありません。左頁の例文に関しても長期に継続している活動であるため、段階を追って、保護者に活動内容や子どもの様子や心の動きなどを伝えていく必要があります。今までの経験があるからこそ左頁にあげたような姿が見られること、今までの経験が一つひとつ途切れているのではなく、すべての経験が子どもの興味や関心、育ちにつながっていることを知らせていきたいです。

（木下 和美）

幼児期の終わりまでに育ってほしい姿「協同性」

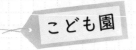
お化け迷路をつくろうよ

　夏の日差しがまぶしい季節となりました。子どもたちはプール遊び、砂遊び、フィンガーペインティング、色水遊び、石けんを使った泡遊びなど、この季節ならではの遊びを思いきり楽しんでいます。

　そのようななか、先日、5歳児クラスでお化けの絵本を見ていたＡさんは、画用紙にクレパスでお化けの絵を描き始めました。Ａさんの様子を見ていたＢさん、Ｃさんも、お化けの絵に興味をもち、一緒に絵を描き始めました。それぞれが考えたお化けの絵を描きながら、「Ａさんのお化けは怖そうだね」「Ｂさんの絵は本物の傘お化けみたい」「Ｃさんのお化けは首の長いろくろっ首だね」などと会話も弾んでいました。しばらくすると、Ａさんが「お化け迷路をつくって、描いたお化けを貼ってみんなを驚かせようよ」と提案しました。Ｂさん、Ｃさんも「いいね、お化け迷路をつくろうよ」と遊戯室に移動し、大型積み木や巧技台、ゲームボックスを使ってお化け迷路づくりを始めました。担任のところに行き「お化け迷路だから、暗くしたいんだけど」とＡさん。黒い布を持って担任がお化け迷路のところに来ました。担任は「全部暗くすると迷路が危ないから、トンネルになっているところを暗くするのはどうかな」と提案しました。Ａさん、Ｂさん、Ｃさんは「そうしよう」「それがいいかもね」「トンネルのなかにお化けを貼ろうよ」「暗いところで驚かせようよ」と考えを出し合っていました。Ａさんが始めたお化けの絵から、友だちと一緒に次々と発展していったお化け迷路づくり。お化け迷路ができあがると、さっそくお客さんを呼んで遊ぶ姿が見られました。5歳児クラスでは、友だちが一緒だと自分の考えた遊びがより楽しくなることを感じ、ワクワクしていることが表情や動きから伝わってきました。担任は子どもたちの思いや考えが実現できるように、一緒に考えて支えています。

ポイント解説

　6月末には蒸し暑い夏の季節ならではの遊びを楽しんでいる時期です。そのようななか、5歳児クラスのAさんが始めた遊びに興味をもった2人の友だちと一緒に「お化け迷路をつくろうよ」と遊びが発展していきました。子どもたちの思いや考えをつなぎ、友だちとの「協同性」を育んでいることを伝えていくことが大切です。

(1) 伝えたいこと

　保護者にとって「園での子どもたちの遊びは、どのように展開しているのか」が分かりにくいと言われることがあります。また、「友だちとうまく遊べているのか」と心配する保護者の方もいます。

　そこで、この季節ならではの遊びの様子や、5歳児の3名の子どもたちが「お化け迷路をつくろうよ」という遊びに一緒に取り組んだ様子を通して、どのように「協同性」が育まれていくのかを具体的に伝えていくことが大切です。

　そして、「お化け迷路をつくろうよ」という考えが浮かんだAさんですが、Bさん、Cさんが一緒にいることで次への展開となっていったと考えます。また、日常の保育のなかでは、担任も一緒に考え、提案することで子どもの考えたことが実現しています。一人ひとりの考えや力が合わさり、子どもたちの遊びが充実し、友だちと一緒に遊びを進める楽しさや充実感を味わっていることを伝えていきます。

(2) 工夫点

　夏の季節ならではの様子を入れることで、「お化け迷路をつくろうよ」の遊びへの流れが生まれます。一人の考えから興味をもった友だちが加わり、さらに遊びが発展していくことを具体的な様子を入れながら分かりやすく伝えていきましょう。

(3) 注意すべきこと

　「友だちと一緒に遊んでいるのか」「一人で遊んでいるのではないか」と心配する保護者の方がいます。園での遊びの様子を伝え、一人の考えや興味が友だちとの遊びに発展していくことを伝えていきましょう。

（小島　喜代美）

幼児期の終わりまでに育ってほしい姿「協同性」

「やってみよう」

　5歳児の子どもたちは、1学期からさまざまな運動遊具を使った運動遊びに取り組んできました。最初から「一輪車に挑戦しよう」「竹馬に乗れるようにがんばろう」などと、運動遊具を決めてしまうのではなく、いろいろな運動遊具に触れてほしいと願い、チャレンジカードを活用して、その日その日で、やってみたい運動遊具を自分で選択できるようにしました。「運動会で披露するからがんばりなさい」ではなく、むずかしいことや初めてのことにも自分から「やってみよう」「がんばってみよう」と意欲をもてるように、先生たちが工夫しました。また、むずかしいことでもチャレンジすれば、できるようになることがある！そんな体験もできるように、運動遊具の扱い方のコツも伝えていきました。

　時には先生も一緒に、時には友だち同士励まし合い支え合いながら、意欲をもって取り組む、そんな毎日が子どもたちにとって大きな力となります。少しずつできるようになってきたときの達成感に満ちた誇らしげな表情はすばらしいです。運動会では、ぜひ、そのような姿を受け止め、ここまで先生や友だちと一緒に取り組んできた過程をたくさんほめてあげてください。自信をもった子どもたちは、さらに身近な環境に主体的に関わり、いろいろなことに意欲をもって取り組むことでしょう。

　小学校や中学校の学習でも、先生が知識を教え込むのではなく、子どもたちで自ら学んでいく学習の方法が取り入れられています。幼児期に育まれた、子どもたちの自ら取り組もうとするこの姿勢や自立心は、必ず小学校や中学校につながります！

ポイント解説

4月から継続してきた運動遊具を使った遊びを運動会で披露するまでの取り組みの経過を通して、自立心が育まれていった姿について取りあげています。

(1) 伝えたいこと

決められた運動遊具を使った遊びに取り組むのではなく、自ら興味をもった運動遊具を自分で選択できるようにしていること、また、毎日同じ運動遊具を使うのではなく、日によって、自分で選択したり友だちと一緒の運動遊具を使ったりできるようにしていることなど、自ら主体的に取り組めるような環境を整えていることを伝えていく必要があります。そのなかで、保育者や友だちと認め合い励まし合いながら、自分の力であきらめずやり遂げる達成感を味わっている様子を、具体的な子どもの姿から知らせていくことで、保護者も目に浮かびやすくなると考えます。当日の出来栄えではなく、取り組んできた過程にこそ子どもの成長があり、その過程に目を向けることの大切さが伝わるようにしていきたいです。

(2) 工夫点

一人ひとりの子どもの興味や関心に応じた、保育者の教育的意図をもった働きかけがあるからこそ、子どもは遊び込み、身近な環境に主体的に関わるようになることが伝わるようにしました。また、幼稚園での学びや育ちが、幼稚園のみで終わるのではなく、基盤となり、小学校や中学校での学びにつながっていくことにもふれました。

(3) 注意すべき点

子どもが、自分の力で諦めずにやり遂げる達成感を味わうためには、思うようにできなくて悔しく思う気持ちを味わうことや、途中であきらめてしまう経験も重要であることにもふれていきたいです。また、満足感や達成感は一人ひとりの子どもによって違うため、他と比べることなく、その思いにしっかりと寄り添い共感することの大切さも知らせていく必要があります。

(木下 和美)

幼児期の終わりまでに育ってほしい姿「自立心」

99

うさぎのボルトや、
かめのスイスイのために

　木々の緑が青さを増し、爽やかな風が心地よい季節となりました。

　5歳児クラスに進級した子どもたちは、自分たちで当番活動を進めようとはりきっています。本園の5歳児は、登園後には朝の会を行っています。挨拶をしたり歌を歌ったりして一日が始まります。日直になることに期待をもっており、今日の予定について、休みの友だちは誰か、給食や預かり保育の人数は何人かなど、みんなの前に出て確認をしています。クラスの代表としての係のため、緊張感のなかにも喜びや期待が高まり、表情も大人びて見えます。

　また、クラスのなかでは当番活動も大切な役割です。絵本係、うさぎ当番、かめ当番、水やり当番などです。とくにうさぎのボルトや、かめのスイスイの世話は、昨年度の年長児から教えてもらい引き継ぎをした大切な係の仕事です。命のある動物は、自分たちが世話をしないと病気になったり死んでしまったりします。うさぎを外に出し、汚くなったケージ内を掃除することから始まります。

　慣れないうちは、動き回るうさぎのボルトに「大丈夫だよ、怖がらないでいいよ」と、まるで自分に言い聞かせるかのような言葉を掛けながら、外の柵に移す姿が見られます。勇気を振り絞ってうさぎのボルトと向き合う瞬間です。苦手な子は、友だちの様子を見ながら、触れ合い方を覚えています。汚れた新聞紙中のウンチが落ちないように、新聞紙の始末の仕方を考えている姿に成長を感じます。

　また、かめのスイスイの世話も友だちとスイスイの甲羅の持ち方を教え合い、落とさないようにそっと持って置く姿が見られます。生き物との関わりを通して、「命の大切さ」「優しさ」「思いやり」などが育まれます。当番活動を通して、自分の力を発揮し、考えたり、工夫したり、最後までやり遂げる達成感を味わう経験を重ねていきます。

ポイント解説

　5月になり5歳児クラスに進級した子どもたちは、年長児としての自覚や意欲をもって生活を進めていこうとする時期です。係や当番活動にはりきっている様子を通して育まれている自立心について伝えていくことが大切です。

（1）伝えたいこと

　5歳児クラスになり、年長児となった自覚や意欲をもって園生活を過ごしている様子を伝えます。4歳児クラスまでは担任が中心となって進めていた朝の会ですが、クラスの代表としての係を通して、期待をもち緊張感を乗り越えながら進めていく気持ちの育ちを伝えていきます。

　そして、子どもたちは、園で飼っているうさぎやかめの当番活動を通して「命の大切さ」を感じていきます。自分たちが世話をしないと病気になったり死んでしまったりする、だから汚れた動物の家をきれいにしてあげようという「優しさ」「思いやり」が育まれていきます。友だちと一緒に進める当番活動では、「汚いから嫌だな」「うさぎが動くから触れない」「怖い」などの思いを感じつつも、自分から取り組んでいこうとする「自立心」が育まれる大切な経験であることを伝えていきます。

（2）工夫点

　5月の園だよりの冒頭に季節の情景を入れることで、子どもたちが意欲的に園生活を進めている姿への流れが生まれます。「大丈夫だよ、怖がらないでいいよ」という言葉を生かして子どもの思いと重ね合わせ、心の動きを伝えていく工夫が必要であると考えます。写真の掲載なども分かりやすく伝える工夫となります。

（3）注意すべきこと

　「汚いものに触れさせるのはなぜか」「アレルギーのある子どもはどのように関わるのか」を含めて、飼育している動物の世話を子どもたちが行う意義や経験していることなどを、具体的な姿を入れ分かりやすく伝えていきましょう。

（小島　喜代美）

幼児期の終わりまでに育ってほしい姿「自立心」

お当番活動を通して

　新緑の若葉の映えるなか、青い空をバックに泳ぐ「こいのぼり」を見ると、朝の登園時に泣いていた子どもも、風を感じ、元気よく泳ぐ鯉たちの姿を指さし、笑顔になります。新学期が始まり、1ヵ月が過ぎましたが、子どもたちは少しずつ新しい環境にも慣れてきました。

　園ではこのような時期に、子どもたちが十分に身近な環境に関わることができるよう、年少・年中・年長組の子どもたち、それぞれ園庭にある小さな畑に野菜の苗を植えました。子どもたちは毎日登園すると、各クラスで話し合って決めた「お当番さん」が自分たちの植えた野菜の苗に水やりをしています。その際には「おおきくなあれ」と声をかけている姿や数人で「いっしょにいこう！」とお当番さん同士で声をかけ合うなど、友だちとの関わりも多く見られるようになりました。

　水やりをしてくれた子どもたちに、まわりの大人や保育者は「ありがとう」と声をかけます。その感謝の言葉だけではありませんが、子どもたちは当番活動の役目を果たすことにより、「誇らしい」「できた」という経験が積み重なっていきます。当番活動を行うことによって、自分が人の役に立つ喜びが感じられ、それが自ら行動する意欲につながるのではないかと思います。

　一度や二度の当番活動ではなく、長期的に継続していくことが大切ですが、私たちは日々の活動によって、子どもたちの心に育つものは何かについて焦点を当て、保育に取り組んでいきたいと考えています。大きくなったピーマン、ナス、キュウリ、トマトの夏野菜は子どもたちとともに収穫をし、調理いたします。子どもたちの思いの詰まった野菜は園全体で分け合い、その喜びを十分に感じていきたいと思っています。

ポイント解説

　入園、進級し、1ヵ月が過ぎた頃には少しずつ園生活のリズムが整いつつありますが、ゴールデンウィークを挟むことにより、再度、不安定になる子どもも多いため、保護者の皆様に安心していただけるよう、園での活動、様子を分かりやすくお知らせすることが大切です。

(1) 伝えたいこと

　日々の園生活のなかにおける子どもの心の成長をどのようにとらえていくか、保護者の皆様に理解していただくことと、その意味をていねいに伝えることにより、園が行っている活動や思いを共有できるようにすることが大切です。

　また、園での子どもの活動や様子を通して、保育内容について説明し、子どもが経験したことを家族で話し合う機会につながってほしいと考えます。さらにその結果、子どもを介して、保護者の皆様との関係性がより深くなるように伝えていきたいものです。

(2) 工夫点

　子どもが話した具体的な言葉や出来事を取り入れることで、子どもが実際に経験している内容が分かりやすいよう、さらにその行動がどのように子どもの発達につながっているかが分かるようにしていきます。

　そして、環境とのかかわりとして、栽培、食育と一連の保育の流れがイメージできるようにし、全体的にも季節感を十分に感じられる文面にすることにより、保護者の皆様に保育を身近に感じていただけるように工夫します。

(3) 注意すべき点

　保育者の一方的な投げかけで終わってしまわないよう、引き続き、園だよりのほか保護者会などにおいて、対面で話す機会をつくり、保育について、保護者と一緒に考えていくことができるようにすることを心がけましょう。　　　　（森田　麗子）

幼児期の終わりまでに育ってほしい姿「社会生活との関わり」

ウサギのあかちゃんが生まれました

　明けましておめでとうございます。

　新しい年を迎え、皆様のご多幸をお祈り申し上げます。本年もどうぞよろしくお願いいたします。

　新春のお祝いとともに、もう一つうれしいお知らせがあります。ウサギのあかちゃんが生まれ、しろさんは「お母さん」になりました。それは年末の大掃除のこと、ふとケージを見ると、昼間にもかかわらず、しろさんの出産が始まっていました。教職員でそっと見守りつつ、無事に6羽のあかちゃんが生まれ、その神秘的な瞬間に立ち会えたことに感動しました。

　子どもたちは普段から、ウサギのケージを掃除したり、水をかえたり、おうちから野菜を持ってきてくれたりと、とてもよくお世話をしていました。3学期が始まり、登園した子どもたちはウサギのあかちゃんを見て、声をあげて喜びました。日々、動物と触れ合うなかで、生き物を知り、生きているという温もりを肌で感じる経験はとても大切です。ウサギの飼育により、さらには子ウサギに出会うことで「生きている」ことを実感できたことはとても貴重な経験となりました。

　現代保育の課題として、子どもの実体験、具体的な直接体験の減少があげられていますが、乳幼児期はまわりのものや環境との関わりのなかで、心を揺さぶられる体験の積み重ねにより、感性を育み、生き物への愛着や思い、生命の大切さを感じていきます。それは言葉で聞いて理解できるものではなく、身をもって感じ、体験することにより獲得できるのではないかと思います。私たちの日々の生活に、多くの喜びを与えてくれたウサギたちに感謝の気持ちでいっぱいです。

ポイント解説

　園で実際に起きた出来事から、生命の誕生について共有し、身近な動物に対して、興味・関心を持てるよう、園の状況なども踏まえて内容を具体的にすることが求められます。

(1) 伝えたいこと

　子どもたちが普段、ウサギとどのように関わっているのか、それによって、どのような気づき、学びがあるのかを分かりやすく伝えることが大切です。

　現代保育の課題をあげ、子どもの実体験を通した生命との触れ合いの重要性や子どもの心の発達との関係性についてもつながりがあることを理解していただくことで、園での子どもの様子、今後の活動の取り組みを共有していくことをめざします。

(2) 工夫点

　保育者がウサギの出産に立ち会えた感動を言葉にして入れることで、保育者自身も心が揺さぶられ、子どもとともに感じることの意味の大切さが伝わるようにしていきます。

(3) 注意すべき点

　動物の飼育において、子どもの体質によってはアレルギーなどにより、実際に触れることができない子どももいます。その子どもに対する個々の対応についても個別に保護者と話し合っておく必要があります。

　また、今後、生命には生と死の両面があり、いのちあるものの行く末について、どのように向き合っていくかを考えておかなければなりません。どのような状況でも、その伝え方には十分配慮するよう心掛けましょう。　　　　　　　　　（森田　麗子）

〈参考文献〉
(1)　山内昭道・幼児の自然教育研究会『子どもと環境——自然・社会とかかわる子どもたち』文化書房博文社、2006 年。

(2)　小田豊・湯川秀樹『保育内容 環境』北大路書房、2009 年。

幼児期の終わりまでに育ってほしい姿「自然との関わり・生命尊重」

オタマジャクシとの関わりを通して

　戸外で過ごすことが気持ちのよい季節となり、毎日元気よく遊ぶ子どもたちの姿が見られます。池のオタマジャクシを見たりすくったりするのも子どもたちの楽しみの一つです。

　子どもたちは「たくさんいる」「何食べるのかな」など、いろいろなことを呟きながら池を覗きます。5歳児はすくってもよいことになっていて、飼育ケースに入れて、虫メガネで観察します。3・4歳児は5歳児にお願いし、しばらく見せてもらいます。

　「すくって見るのはいいけれど、最後には池に戻す」というのが幼稚園での約束です。でも、どうしても「飼いたい」「家に持って帰りたい」というのが子どもたち。

　私が「カエルのお母さんは、子どものオタマジャクシがお家に帰るのを待っているんだよ。皆もママと会いたいよね。オタマジャクシはどうかな？」と言うと、残念そうに池に戻し「また遊ぼうね！」と手を振ります。自分をオタマジャクシに重ね、他者理解しているのでしょう。

　5歳児が図鑑でしっかり調べて「絶対大丈夫だから！」というので、保育室でオタマジャクシを飼うことを許可しました。ところが、ある日エサをたくさん入れすぎて、翌朝、オタマジャクシが死んでいました。登園してきた子どもたちは大ショック！　悲しそうに土に埋めました。今度は絶対に死なないように！と決意した子どもたちは、帰る前に余分なエサをすくって捨てていくようになりました。オタマジャクシの命を大切にしていることがよく分かります。

　オタマジャクシ一つとっても、このようにいろいろなことに気付き、感じ、考えている子どもたち。園生活のなかで、これからもたくさんのことを体験し、その度に気付き、感じ、考えられる子どもになってほしいと思います。

ポイント解説

　5月になり、子どもたちは園に慣れて、園内のさまざまな自然に気付き、主体的に関わって遊ぶ時期になります。子どもたちが園内の自然に触れて遊ぶ様子を見ることで、遊びのなかでさまざまな感情経験をし、どのような学びをしているのか伝えられるよい機会となります。

(1) 伝えたいこと

　子どもたちが主体的にさまざまな環境に関わるなかで、自分たちで気付き・感じ・考えていることが伝わるようにします。自然と関わることを通して、その美しさや不思議さ、命の尊さなどに気付くことが大切です。体験を通して気付き、きれい、おもしろいなどと同時にかわいそうなどと感じ、どのようにするとよいか、命の大切さについても考えることが大切であるということを伝えます。

(2) 工夫点

　幼児が体験して気付いたこと、言葉で教えるだけでは理解できないことなどがあるということを具体的な幼児の姿から伝えるようにします。失敗談などを通して自分たちで気付くということなどが伝わるとよいと思います。

(3) 注意すべき点

　子どもたちがすんなりとすぐに大人の言うことを聞いたり、すぐに理解したりするはずがないので、そのことを伝えていきます。また、知識を知らせることが、自然との関わりを通して育てたいことではなく、さまざまな感情を伴う体験をすることや失敗することを通して、自然の不思議さやおもしろさ、命の尊さなどに気付く大切な経験として伝えることが大切です。　　　　　　　　　　（鳥居　三千代）

幼児期の終わりまでに育ってほしい姿「自然との関わり・生命尊重」

団子づくりを通して

　日中は暑い日も多いですが、朝夕は過ごしやすく、きれいな虫の声に癒される毎日となりました。

　先日、お月見の団子づくりを子どもたちと行いました。

　上新粉をボウルに入れ子どもたちの前に置くと「サラサラ…」「いい匂い」「ごはんの匂いだ！」と手触りや匂いを確かめます。上新粉にお湯を入れ、始めは熱いので大人が練ります。「もっといい匂いがする」「早くやりたい！」と、待ちきれない様子です。

　実際に団子づくりが始まると、生地を触り「気持ちいい」と話しながら、きれいな丸にしたいとコロコロと手のひらで転がし、つくりながら「固くなってきた」「お月様、ほんとに来るかな？」「園のドアは狭いから通れないんじゃない？」「園長先生、食べてるところ見た？」など、会話がつきませんでした。こういうとき、保育者は正解をすぐに知らせることはしません。子どもたちが十分に自分の思い付いたことを話したり、考えを巡らせたりしてほしいからです。

　団子づくりの活動一つとっても、子どもたちは触覚・嗅覚を働かせてさまざまなことに気付き、感じ、自分の知っている知識を手繰り、友だちとの会話を通して考えます。このことが思考力の芽生えへとつながっていきます。

　幼児期は、幼児が自分の生活経験によって親しんだ具体的なものを手掛かりにして、自分自身のイメージを形成し、それに基づいて物事を受け止めていく時期です。自分が興味・関心をもって環境に関わり、体験のなかで積み重ねたことを、その後、生きた知識として活用していきます。

　園での遊びや生活のなかで、子どもたちが心を大きく揺らしながらさまざまな出来事に触れ、気付き・感じ・考えることを通して、思考力の芽生えを培っていきたいと思います。

ポイント解説

　子どもたちが日頃、遊びや生活を通して、さまざまなことに気付いたり感じたり考えたりすることが大切で、そのことが思考力の芽生えにつながっていることを具体的な姿を通して保護者に知らせる機会とします。

（1）伝えたいこと

　子どもたちが気付いたり感じたり考えたりすることを積み重ねていくことの大切さを伝えていきます。正確な知識を知ることがよいことではなく、体験したことや知っていることのなかから自分たちで気づいたり感じたりしたことを基に考えることが思考力の芽生えにつながると分かるようにします。

（2）工夫点

　子どもたちが実際にどのようなことに気付いたり感じたり、どのようなことを考えているのかを具体的に知ることで、それらのことが無駄ではなく大切な学びなのだということが分かるようにします。

（3）注意すべき点

　思考力の芽生えを培うというと、大人が正解を教えることを通して育むと考えられないようにしていきたいものです。子どもが十分に自分たちで感じたり気付いたり考えたりすること自体を大切にしているということが伝わるように文章を作成していきます。また、幼児期の学びの特性を知らせ、具体的に体験することの大切さが分かるようにします。

（鳥居　三千代）

幼児期の終わりまでに育ってほしい姿「思考力の芽生え」

サツマイモの可能性

　年長組が自分たちで育てたサツマイモを掘りました。掘り終えると、保育室ではサツマイモを手にした子が「これは重いな。軽いのもあるな」「先生、幼稚園に重さを測るものない？」「そうだ、体重を測るものあったよね」すぐに担任が体重計を出してくれました。そして測定の表示設定をキログラム単位から100グラム単位に変更してくれました。

　「おお、これこれ、体重計」そう言うと、サツマイモを一つずつ体重計に載せます。表示が1000を超えるものは重い、超えないものは軽い、と決めたようです。「軽い仲間と重い仲間に分けたよ。重いのがたくさんあるね」と得意気に話してくれました。

　サツマイモとの出合いが、重さ比べという算数につながる遊びに発展しました。長さや重さを正しく測ることは、小学校で学びます。幼児期には、長さや重さに違いがあることに気付いたり、それを比べたりするおもしろさを味わいながら、数量や図形などに興味や関心を持つことが大切です。サツマイモの持つ教育的価値は大きいのです。

　掘ったサツマイモは各家庭に持ち帰っていただきます。「サツマイモ変身カード」を担任が用意しています。各ご家庭でサツマイモがどのように変身したか、お知らせください。調理していただいても、スタンプなどにしていただいても結構です。

　サツマイモの持つ可能性がさらに広がりそうな予感がしています。でも、一番大きな可能性を秘めているのは、自分なりのやり方でサツマイモに関わり、たくさんの発見をしたり、考えたりする子どもたちなのです。

　主体的、対話的に身近な物や出来事に関わって、自分なりの学びを深めていく、本園の子どもたちの持つ可能性は無限大です。

ポイント解説

　園庭で育てたり、芋掘り遠足に行ったりして芋掘りを取り入れている園は多いのではないでしょうか。この項では「重さ比べ」という視点で記述しましたが、自然体験や食育の観点など、さまざまな視点で取りあげることができると思います。

(1) 伝えたいこと

　幼児が数量や図形に親しむことは、けっして計算問題等を解くことを強いることではなく、遊びや生活を進めるなかで、幼児自らの興味や関心を持ちながら関わることで、数量の概念や図形に結果的に親しむということを伝えたいと考えます。

(2) 工夫点

　幼児が主体的に周囲の環境に関わる姿を生き生きと描写したいと思います。ですから「掘ったサツマイモの重さを比べたい」という、幼児のなかから沸きあがった「ぜひやってみたいこと」を取りあげました。

　さらに、幼児がしていることが、具体的にどのような「学び」なのかを読み手に理解してもらえるようにすることが大切です。

(3) 注意すべき点

　幼児が遊びを通して数量や図形に親しむことは、その体験が小学校以降の学習につながっており、幼児期の体験が小学校以降の教科による学習の基盤となることはぜひ、保護者や地域の方々に理解していただきたいことです。

　ただし、ここで気を付けなければならないことがあります。それは、就学前教育は小学校教育の準備のための教育ではないということです。小学校教育の前倒しではなく、幼児期にふさわしい、幼児が主体となる体験を積み重ねることが大切であるということを、園長として理解しておくことが必要です。　　　　　（仙田　晃）

幼児期の終わりまでに育ってほしい姿「数量図形」

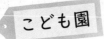
みんなで育ててみんなで食べよう

　幼稚園の園庭は、日当たりが抜群です。そこで今年は、今まで以上に野菜を育ててみることにしました。

　これまでも育ててきたナスやピーマン、ジャガイモ、サツマイモ以外にも、スナップエンドウやインゲン、小松菜、キュウリ、バジル、カボチャ、小玉スイカなど、畑やプランターにできる限り植えてみました。なにせ俄か農園ですので、育てる私たちも"野菜の上手な育て方"を勉強しながら…の状態です。

　それでも、これまでに、小松菜や二十日大根などを収穫しました。とくにスナップエンドウは大豊作で、かごにひと山とれました。

　たくさんとれたから、みんなに食べてもらおう、ということになりましたが、さて、ちゃんとみんなの分があるでしょうか!?　１列に並べて数を数えたり、大きさごとに分けてみたりして、「りす組さんは小さいからちっちゃいのでいいんじゃない」「すごく小さいのは二つで一つにすればいいかな」など、全部のクラスにいきわたるか考えていきました。

　誰かに「数えてごらん」と言われたわけではなく、自分たちが心を込めて育ててきたものだから、みんなに食べてもらいたいから、という気持ちから始まった"数える""並べる""比べる"という姿は、子どもたちにとって、生きた「数や大きさへの興味・関心や思考」にしっかりとつながっていると感じました。

　その後、さっとひと茹でしただけのスナップエンドウを、みんなで「おいしい、おいしい」と言って食べました。もちろんすべてのクラスに行き渡りました!!

　さまざまな経験を与えてくれる農園、これからも子どもたちと一緒に楽しんでいきたいと思います。

ポイント解説

(1) 伝えたいこと

幼児期の終わりまでに育ってほしい姿のなかでも、「数量や図形、標識や文字などへの関心・感覚」は、誤解されやすく、中身についてきちんと伝えることがたいへんに重要だと考えます。計算ができるようになる、文字が書けるようになる、標識を覚える、などが到達目標であるかのように考えられがちだからです。

しかし、幼児期に育みたいことは、関心・感覚であることを忘れてはいけません。そして、どういう経験を通して育まれているのか、を分かりやすく伝えていくことが大切です。

(2) 工夫点

○ 子どもたちが日常の園生活のなかで、どのように文字や数、形に触れて、興味・関心を広げていくのかを、保護者や地域の方にも幼児の姿が浮かぶよう具体的に書くとよいでしょう。

○ 「数量や図形、標識や文字などへの関心・感覚」は、前述のとおり、本来の内容を知らせていくのがむずかしい、誤解を受けやすい項目ですので、園だよりでも何度か題材として伝えるとよいでしょう。また、園だよりだけでなく保護者会などさまざまな場面を通して繰り返し伝えていくことが必要でしょう。

(和田 万希子)

一人ひとりの感性を大切に

　園庭の柿の木に柿の実がたわわに実りました。柿の木を見上げながら「いっぱいなっているね」「甘いかなあ」「オレンジ色がぴかぴかだね」と口々に自分が見て感じたことを、伝え合っています。

　柿の実に気付いたのは、子どもたちだけではありませんでした。シジュウカラです。シジュウカラが群れを成してやって来ました。ツピーツピーとにぎやかに鳴きながら、柿の実をついばんでいます。

　その様子を子どもたちは食い入るように見つめています。こうして、子どもたちの関心が大きく柿の実に向いたとき、担任が柿の一枝を切って、玄関に飾りました。子どもたちは、柿の実を手に取って撫でまわしたり、目を近づけてじっと見入ったりしています。「ぴかぴかしてる。泥団子みたい」「意外と重いな」感じたことを口々にします。「お花みたい」「四つ葉のクローバーみたい」「手裏剣みたい」これは、柿の実の「へたの形」に気付いた子どもたちのつぶやきです。その後、クレパスで思い思いに柿の実を描きました。「へた」の形のとらえ方や描き方は、まさに十人十色です。その子なりの見方や感じ方が形に表れていました。

　シジュウカラがついばむ様子を見たり、実際に柿の実を手に取ったりすることで、子どもたちにとって園庭の柿の実は「特別な柿」となりました。このような体験を積んで、自分から描いてみたい、つくってみたいという気持ちで取り組んで出来上がった作品です。描かされる、つくらされるのではなく、子どもの内側から湧いてくる、描いてみたい、つくってみたいという、意欲と感動を伴う気持ちを大切にしたいと思います。

　日常の生活のなかの、ささやかな出会いとふれあいを通じて友だちと感動を共有し、一人ひとりの感性を大切にして豊かな表現につなげます。

ポイント解説

　就学前教育は環境を通して行うことが基本とされています。園庭に果実のなる木を植えている園は多いと思います。そのような環境と幼児が出合い、幼児のなかに美しさや、不思議さなどに対する感動が生まれ、その感動をきっかけに、「描いてみたい」「つくってみたい」「歌ってみたい」という表現する活動につながっていくプロセスを大切にしたいと思います。

(1) 伝えたいこと

　幼児が描いたりつくったりして表現する活動は、どの園でも大切にされています。そして、幼児一人ひとりの個性が違うように、幼児が表現する内容も、一人ひとり違ってよいこと、さらに、その子なりの見方や感じ方やとらえ方が尊重されているということをぜひ伝えたいと思います。

(2) 工夫点

　その子なりのとらえ方の「よさ」が伝わるように、「お花みたい」「四つ葉のクローバーみたい」「手裏剣みたい」等、具体的な幼児の言葉を記述することは、効果的です。さらに、その表現活動を始めるきっかけとなった出来事を、エピソードとして紹介するのもよいと思います。結果よりも、その表現に至る過程を大切にすることが、一人ひとりの幼児を大切にする保育といえるからです。

(3) 注意すべき点

　絵画、制作物、歌、演奏など、幼児が手掛けたものは、そのどれもが芸術的な価値をもつ「作品」であるといえます。「作品」は大切に扱われなければなりません。安易に「上手に」「うまく」という表現を使うと、出来栄えや見栄えを優先していると誤解されるかもしれません。幼児一人ひとりの表現の「よさ」が伝わるようにしたいと思います。

（仙田　晃）

幼児期の終わりまでに育ってほしい姿「感性と表現」

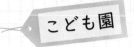
子どもたちのすてきな世界

　最近、こども園には、いたずらな魔女が出没しています。先日は、重い荷物を運んでいる最中に「石になれ！」と魔法をかけられてしまい、体が固まってしまって動かせず、たいへんでした。いたずらっ子だけど気は優しい魔女さんたちは、少ししたら、ちゃんと「元に戻れ！」と、呪文を解いてくれましたが……。次はどんな魔法をかけられてしまうのか、出会う度にドキドキしています。

　子どもたちの生活には、"まねっこ"や"見立て"や"つもり"という表現遊びがいっぱいです。子どもたちにとっては、棒が１本あれば、剣にもなるし、魔法の杖にも、ほうきにも、お料理のお玉にもなります。想像力で、恐竜や虫にも、お医者さんにもコックさんにも、忍者にもなれる、なんて楽しい世界を生きているのでしょう!!　このようなごっこ遊びでは、想像力だけでなく、表現力、相手の気持ちを感じ取る心の育ちや、さまざまなものをよく見る観察力、工夫する力や、好奇心など、たくさんの力が育つと言われています。

　乳幼児期、せいぜい小学校低学年くらいまでしか、おそらくないであろう子どもたちのこの世界を、十分に楽しみ、豊かな感性を育んでいってほしいと思います。

　〇月〇日には、こども会が行われます。普段からさまざまになりきって遊んでいる子どもたちが、遊びや生活の様子を劇や楽器遊びの形で表現します。今年は、新型コロナウイルス感染症対策のため、いつものような形でご覧いただけず、保護者の皆様にも、地域の皆様にも本当に申し訳ありません。どうかご理解いただき、制限のあるなかですが、子どもたちの豊かな想像の世界を一緒にお楽しみいただけたらと思います。

ポイント解説

(1) 伝えたいこと

幼児が、心を動かす出来事などに触れ、感性を働かせ、自分なりに表現したり、友だち同士で表現する過程を楽しんだりし、表現する喜びを味わう、という、幼児期の終わりまでに育ってほしい姿の「豊かな感性と表現」について、こども会に絡めて伝えています。

保護者にとって身近でありよく目にする、幼児のなりきり遊び、ごっこ遊びを通して、子どもたちの豊かな世界と、そのなかで育っていることについて伝えています。

「豊かな感性と表現」というと少し分かりにくいですが、具体的な子どもの遊びの姿で示すことで保護者に分かりやすく伝えることができます。

また、こども会は、そのような園での生活や遊びの一端をご覧いただくものであることを伝えています。

(2) 工夫点

子どもたちの豊かな感性と表現の世界のすばらしさが伝わるように、保護者や地域の方にも幼児の姿が浮かぶよう具体的に書くとよいでしょう。

今回の「豊かな感性と表現」については、幼児期の終わりまでに育ってほしい姿として園だよりの巻頭文で保護者や地域に伝えたいと考えていました。そしてその題材として、恒例行事であるこども会へのお誘いに絡めて書くとよいのではないか、と考えました。

巻頭言を作成するうえでの考え方として、「1年間のなかで時期はどこでもいいが、必ず伝えたい内容」「行事や経験など、その時期を逃さず伝える内容」があると思います。

年間を通して伝えたい内容や項目をあらかじめ出しておくことで、保護者や地域に、園の教育について必要なことを漏らさず伝えることができます。

（和田 万希子）

幼児期の終わりまでに育ってほしい姿「感性と表現」

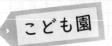

目に見えるモノ、目に見えないモノ

　梅雨晴間。雨音ではなく泣き声が聞こえて来た園の玄関を覗き込むと、お迎えに来たお母さんの前でベビーカーに乗せられた乳児クラスの弟と、どうしてもお母さんに抱っこしてほしいと泣く幼児クラスの姉の姿が。仕事で疲れているなか急いでお迎えに来たときにこのような状態になられると、大人側もうんざりしてしまうでしょう。場合によっては「お姉ちゃんなのだから、そんなわがまま言わないで！」と"しつけ"たくなることもあるかもしれません。

　「躾」とは、衣類を縫い付ける「仕付け」と表すこともできます。衣類を縫い上げ、最後に"仕付け糸"を抜いても衣類の形が崩れない、つまり子どもが成長し大人の存在という仕付け糸を外したときでも、崩れることなく"子ども自身が自立（自律）"できるようにするためのものが「躾」なのです。けっして、大人の都合を"聞かせること"ではありません。だからこそわれわれ大人が、"目には見えない"子ども自身が感じていることや抱いている思いに目を向け、自分自身の力で立てるようになるまで"寄り添っていくこと"が躾には必要なのです。

　さて、玄関先の親子はどうなったでしょうか？　そのお母さんは、とことん子どもの思いに寄り添い、最後にはお姉ちゃんを片手で抱き上げ、もう一方の片手で弟を乗せたベビーカーを押して、無事に帰路につきました。そして、驚いたことに翌日から彼女は送迎時に抱っこしてほしいと言うことはなくなりました。この一連の出来事のなかで"目に見えない"自分自身の思いを受け止められたことが、自分を律するという"目に見える"成長へとひとつ歩みを進めたのでしょう。

　「どうやってわが子をしつけたらいいか？」

　寛大な母親の腕の中に抱かれて門を出た、あのときの子どもの嬉しそうな表情こそが、その問いの答えではないかと思うのです。

ポイント解説

　躾とは「社会で生きていくための礼儀作法やマナーを身につけること」という意味ですが、大人の言うことを聞かせたり、大人の都合に合わせさせたりするという風にとらえがちです。躾の本質を見失わずに、目の前の子どもの姿に悩む保護者のしんどさにも寄り添いながら伝えることが大切になります。

(1) 伝えたいこと

　"子ども自身が自立（自律）していく"という躾の本質の部分が、これからの社会を生き抜く力として必要であると、まずは大人が理解することが大切です。自立とは子ども自身が"必要感"を得ることから始まります。さまざまな場面（とくに大人を困らせるような場面）で子どもの目には見えない「思い」にとことん付き合い、その姿に寄り添っていくことが、子ども自身の必要感の獲得へと繋がっていきます。

(2) 工夫点

　日常のなかにある保護者と園児のやりとりを例としてあげることにより、保護者がまるで自分自身が悩んでいるかのように感じられるようにしました。こうやって主観的に躾の本質に触れることで「わが子をどうやってしつけていくのか？」という、親として誰もが出合う課題への向き合い方をイメージすることができるようにしています。

(3) 注意すべき点

　保護者のしつけ方は家庭によって違いがあります。"これが正解"と一方的な発信をするのではなく、保護者の悩みやしんどさを"園は理解し、寄り添っていきたい"という姿勢が伝わるようにすることが大切です。　　　　　　　　（三倉　敏浩）

子育てに関する悩み「しつけ」

園ではよい子でも家ではわがまま

　保育参観した直後、担任との面談でこんなことを相談する保護者が少なくありません。

　「園ではこんなにできることがたくさんあるのに驚きました。家ではわがまま、甘えたい放題、ママできないからやって～、その度、私がイライラ・ガミガミしています」。

　園でのがんばりとのギャップに疑問を持たれる保護者もいる一方、こんなにがんばっているから家ではしょうがないかと自己解決される保護者もいます。

　私たち大人にも、外向きの顔と内向きの顔があります。オンとオフ、リラックスする時間があるからこそ、バランスを保ち日々がんばれると思います。家で甘えられる子は、わが家（家族）が自分の素を出しやすいホッとできる安心な場である証でもあります。子どもたちにがんばり過ぎない環境を準備してあげることが大切なのかもしれません。働いているお母さんにとっては、朝夕の1分1秒を争う時間、自分でできることはやってほしい気持ちもよーく理解するものの、子どもにとっては、園でがんばってきた後の甘えたい時間ととらえて、言いかけた言葉を飲み込んで「がんばってきたもんね」と認めてほしい。ただ、できることは「一緒に」してあげてほしいと思います。

　何でもかんでも、受け入れるとは違います。理不尽な要求は聞き入れる必要はありません。子育ては、言い換えるなら「親育ち」の機会でもあります。子どもを授かることで自分中心の世界から子ども中心の生活にシフトせざるを得ません（やりたいことができない。言うことを聞かずイライラ、ぐずったり泣いたりうるさい）。子育てを通して、親として大人として社会人として自分が育つ機会を与えてもらっていると考えることはできないでしょうか？　親として心に余裕を持って向き合っていただけたら子どもは幸せです。

ポイント解説

　保育参観等で実際にわが子の園生活を見てもらうことで、よりいっそう、子どもの成長ぶりを確認してもらうことができます。しかし、そのことを成長の喜びとして受けとめながらも「なぜ家ではしない？」と「わがまま」としてとらえることも少なくありません。

(1) 伝えたいこと

　「わがまま」について悩む保護者は多く、とくに園と家との違いに驚くことがたくさんあります。園でできることは家でもできるはずと、解釈する保護者も少なくありません。しかし保護者目線で「できるならやってほしい」ではなく「他でできているなら安心」と受け止めてもらいたいことを伝えたいです。

(2) 工夫点

　子どもの心情や内面の葛藤・育ちに焦点を当て、保護者が仕事をがんばっているように、子どもも園でがんばっていることを理解してもらえるように解説しています。

(3) 注意すべき点

　働くことを否定しないように配慮することが必要です。　　　　　（知久　賢治）

子育てに関する悩み「しつけ」

「ポイ！」なんでよ!?

　子どものしかり方に悩む……、誰しも一度は悩んだことがある項目ですね。今回のアンケートでも、上位にあげられました。

　一度で聞いてくれればいいのですが、たいていはそうではありません。同じことを何度も繰り返し言うけれども、また同じ行動をする、反抗をする、かんしゃくを起こす、もうどうしていいか分からなくなりますよね。

　年齢が大きくなるにつれて、行動や気持ちの表し方も変化していきますが、共通して言えるのは、まずは、大人が子どもの「気持ちを理解しようとする」姿勢で話をしているかがポイントです。子どもの行動には必ず理由があります。

　一例をご紹介します。

　2歳のA君。お母さんが夕方、保育園にお迎えに来てくれました。下駄箱から自分の靴を取り出し、園の玄関まで来たとき、自分の靴を園庭に向けて投げました。お母さんは、「靴は投げないの」としかり、靴を拾いA君の前に持ってきました。しかし、今度は怒った表情でまた靴をポイ！　お母さんは、「靴投げるんだったら、もういらないね」と言い、靴だけ持って保育園の玄関から出ていこうとしました。A君は出ていこうとするお母さんに抗議するかのように、ひっくり返って泣き叫ぶ……というよくある一場面。早く帰りたいのに、腹が立って途方に暮れる瞬間ですね。とても理解できます。

　靴を投げるという行為はダメです。でもこんなとき行為をしかるのではなく、まずはなぜ投げたのかに焦点を当ててみてください。靴を履いてしまうと自分で歩かないといけなくなります。A君はお母さんに抱っこで帰ってもらいたかったのです。気持ちは複雑ですが分かってくれたと思えたときには表情が変わり次の行動へと進む意欲が沸いてくるようです。大人も気持ちを分かってもらえるのは嬉しいですね。悩んだらいつでもお話しにきてくださいね。

ポイント解説

(1) 伝えたいこと

　懸命に子育てをしておられるからこそいろんな悩みが生まれてくるので、そのねぎらいの言葉を伝えたいのと、いつでも園長や職員に話に来てもらっても大丈夫、のメッセージが届くといいと思います。また、しかることは、大人のいうことを聞かせるのが目的ではありません。子どもはどんなに小さくても一人の人間であり、尊重されるべき存在です。たとえいけないことをしたとしても乳幼児期に自分の気持ちを大切にしてもらったかどうかの経験の有無は、将来の育ちに大きく影響します。「どうしたのかな？」の視点を忘れずに関わっていきたいものです。

(2) 工夫点

　日常よくあるような事例をあげて、普段と重なるとなお分かりやすいと思います。そうはいってもなかなかうまくいかない現実も理解しつつ書きます。

(3) 注意すべき点

　SNSで検索すれば、しかり方についての情報は山ほど出てきます。現場の先生方が行う助言は、誰にも当てはまる通り一遍の内容ではあまり意味がないのかもしれません。現場の先生方の強みは、目の前にいる家庭に対する具体的な援助の方向性、保育における自分たち自身の課題が見えたうえで、お伝えできるということです。保護者の子育てを応援する気持ちで、事例をあげるなら人が特定されない内容で書くといいと思います。

（宮川 友理子）

子育てに関する悩み「しかり方」

子どものほめ方・しかり方

　子どもの「ほめ方・しかり方」はむずかしいことです。厳しくしかりすぎると子どもは心を閉ざし、自尊心が持てなくなります。

　最近は「しかるよりほめよ」と言われます。「○○ができるようになったね。お母さんも嬉しいよ」というように、事実を認め、それに対して感じた気持ちを伝えることが大事なのです。子どもは認めてもらえたと受けとめ、安心感を持つことができます。この安心感が自尊感情を育てるうえでとても大事なのです。

　「子育て」で大切にしたいことは、子どもの自尊感情を育てる「ほめ方・しかり方」を心がけることです。「子育て」の基本は、「子どもの行動を評価するのではなく、共感することである」と述べている心理学者もいます。子どもを肯定的に見ることや共感的に関わることが大切にされる意味は、肯定的に見られた子どもは失敗や評価にとらわれずにやる気を持ち続けることができ、共感的に関わった子どもは自信を持って物事に取り組もうとする態度が育つことです。

　東京都教育委員会は、平成20年から5年間、「自己肯定・自尊感情の研究」を進めています。この研究では自尊感情を高めるには、①自分への気付き（自分ができたことやがんばったこと、自分のよさの気付き）、②自分の役割（自分が役立っていることへの気付き）、③自分の可能性（自分の行動の達成感を感じること）等が大事であると指摘しています。

　「ほめ方・しかり方」の基本は、結果を評価するのではなく、やろうとした過程を認めてあげること、がんばったことをほめることです。しかる際には、やろうとした過程を否定するのではなく、「こうすればよかったね」と正しい行動を教えてあげることです。自信を持って行動できる子育てを心がけましょう。

ポイント解説

　2015 年に国立青少年教育振興機構が調査した「日米中韓・高校生の意識に関する調査」では、「自分がダメな人間だと思うことがある」という問いに「そう思う」と解答した日本の高校生は 72.5％であり、他の国が 50％前後であるのに比べて高い傾向が示されてます。文部科学省が実施している全国学力・学習状況調査でも子どもたちの自尊感情が低いことが指摘されています。

　子どもたちが自己有能感を持ち、自信を持って生活できるよう保護者に子育ての情報を提供することはとても大事なことです。

(1) 伝えたいこと

　保護者は一般的に、子どもをしかることは多くてもほめることは少ない傾向にあると思われます。また、しかる際にも親の都合でしかっている場合が多いように思われます。「ほめ方・しかり方」の基本は、子どもが自尊感情や自己肯定感を持てるようにすることであり、そのことを保護者に気付かせる必要があります。保護者会では、園での「子どものほめ方・しかり方」のマニュアルを伝え、子育てのパートナーとして子どもの健全育成に園とともに取り組む方策を伝えるようにします。

(2) 工夫点

　文部科学省が例年実施している「全国学力・学習状況調査」の報告書に示されている子どもの意識調査の結果等を参考資料として提示し、子どもたちのおかれている現状を話し合う機会を設けることも考えられます。

(3) 注意すべきこと

　保護者の子育てを園とともに取り組む姿勢を大事にしたいものです。園での子どもたちの「ほめ方・しかり方」のマニュアル等を示して、保護者とともに子育てに取り組みましょうというメッセージを大事にしたいものです。　　　（山形　美津子）

〈参考文献〉
(1)　国立青少年教育振興機構「日米中韓・高校生の意識に関する調査」2015 年。
(2)　東京都教育委員会「自尊感情や自己肯定感に関する研究」 2008 〜 2011 年。

子育てに関する悩み「しかり方」

「うちの子、発達遅れてる？」

　「うちの子、発達遅れてる？」という子育ての悩みは、保護者からよく園に寄せられる悩みの一つです。

　わが子の成長が心配になるのは、一生懸命子育てをがんばっている証。まずは、よくがんばっていますね！と保護者のみなさんにエールを送りたいと思います。

　うちの子、「まだ歩かない」「まだおむつが取れない」「言葉がなかなか出ない」などなど、寄せられる悩みはそれぞれです。

　一人で悩んでいる方がいらっしゃいましたら、ぜひ園に遠慮なく相談してくださいね。

　「子どもを真ん中に園と家庭とが一緒に子育てしていくこと」で、子どもたちは安心した環境のなかで、豊かに成長発達していきます。

　園と家庭の様子を出し合い、共有し合いながら、今子どもがどんな発達をしているのかを確認し合い、共に考えていきたいと思っております。

　また、園にはまだ、相談しづらいという場合もあるかもしれません。そんなときは、お住まいの区役所などの保健師も相談にのってくれます。最近では地域療育センターに相談している方も増えており、専門的な話をていねいにしてくれ、具体的な手立てを聞けてとてもよかった、というお話も聞いています。

　園と区役所と地域療育センターなどは、子どもの豊かな育ちを願い、必要に応じ連携しておりますので、相談しやすいところを選んで相談していただき、少しでも保護者の悩みの解決につなげていければと思っております。

ポイント解説

　子育ての悩みを抱えている保護者に対して、「いつでも保育園が相談にのりますよ」というメッセージをこめた巻頭言です。

(1) 伝えたいこと

　園だよりの巻頭言でお伝えすることで、「実は子育てに悩みがあるけれど誰にも相談できない」という保護者が、園や相談機関に相談しやすくなります。そのことで、子どもの人権や、子どもの豊かな成長発達を保障していくことにつながり、同時に保護者の子育ての悩みの軽減が図られます。

　また、全体の保護者にお伝えすることで、悩んでいる保護者に対して、「園だよりにも書いてあったから園に相談してみたら？」「今は悩んでないけど悩んだときには相談しよう」など、保護者同士の声掛けや、安心にもつながっていくことでしょう。

(2) 工夫点

　導入では、「子育ての悩みは誰もが抱えている」ことを共有します。また、悩んでいる保護者のがんばりに共感し、一緒に園も考えていくメッセージが伝わるように工夫します。

　子育ての悩みに対して、誰に相談するのかを保護者自身が選べるように、園の他にも、相談にのってくれる関係機関があることも知らせていくことも工夫しています。

(3) 注意すべき点

　「子どもの発達の悩み」は、実際に保育をしたり、保護者が何で悩んでいるのかをていねいに聴くなかでしか、園では見えてこないことが多いものです。安易に大丈夫などの言葉を使うことはしないようにしています。

　子どもの「今ある姿」を共有し合い、どんな手立てが必要なのか、その都度、悩みが出されたときに、一緒に考えていく姿勢が大切です。　　　　　　　　（芳尾　寛子）

子育てに関する悩み「発達について」

「一人で遊んでいても大丈夫？」

「保育室を覗くといつも一人で遊んでいて心配です」という相談を受けました。集団生活のなか、みんなと仲良く遊んでほしいと保護者なら誰もが願うでしょう。

子どもが一人で遊んでいる様子を見ると、驚くほど集中していることに気付かされます。ペットボトルの水を透明なカップに何度も入れ替えている子がいます。カップに入れると水があふれてしまい、反対にペットボトルに入れると水は足りません。繰り返し楽しんでいるうちに、水の量の感覚をつかんだり、狭い口のボトルに水を注ぐための手の傾きや加減を習得したりしています。

夢中になっていることは、その子の興味の的が今そこにあるということです。砂の感触を確かめている子も、ブロックを組み立てることに集中している子も、楽しんでいる遊びのなかで「サラサラしてる」と感性を研ぎ澄ませ、「右と左を同じ形にするにはどうしたらよいかな」などと思考し、学びを得ているのです。

子どもは遊びのなかで、自分の今もっている力をすべて使っています。手加減をして遊んでも楽しくないことを子どもたちは知っているのです。

満足するまでやってみたい遊びを楽しむと、自然と次のことに関心を向けていきます。同じことばかりしていると思わず、興味を持続している様子を見守ってみましょう。楽しそうに遊んでいる友だちは、周りからも魅力的に映っているものです。そのうちに、きっと気の合う友だちと出会う日がくるでしょう。

子どもの自立と成長のプロセスは、必ずしも同じペースではありません。先を焦らず、「今」を楽しむ毎日の先に明日の笑顔があることを信じ、日々の喜びや悩みを園と家庭とで共有していきましょう。

ポイント解説

　「友だちの話をしない」「うちの子は遅れているかもしれない」など、周りと比べて心配になる保護者がいます。なかでも、友だちに関する相談は少なくありません。ありのままのわが子を受け止めることが大切であることを踏まえ、人と関わる力が育まれるプロセスの理解を図ります。

(1) 伝えたいこと

　「友だちと仲良く遊ぶ」言い換えると、「友だちと互いを認め合い、力を出し合って物事を進めていく」ためには「自分を表現する」ことが大切です。つまり、協同性は「自分で遊ぶ」ことから始まるのです。

　「一人で夢中になって遊ぶ」ことは心配なことではなく、むしろ大切にしたい姿であることを伝えたいものです。その遊びのなかで、子どもは成長につながる多くのことを学んでいるということに気付くことができると、保護者の方は安心するのではないでしょうか。

(2) 工夫点

　遊びのなかの学びについて、具体的に紹介しています。よく見かける「水を入れ替える遊び」を例にあげました。子どもが繰り返し楽しむ遊びには、その子を夢中にさせる魅力があります。子どもの目線で遊びをとらえるとその遊びの価値に気付くことができるでしょう。

　遊びの理解は子どもへの温かいまなざしにつながるので、学びの解説はていねいにしたいところです。

(3) 注意すべき点

　「みんなと同じ」が安心と考えることも多いものですが、発達は一律ではなく、一人ひとりの子どもに個性があります。園は一人ひとりを大切にし、その子なりの成長を喜び合えるパートナーであることが伝わるようにしましょう。事例に取りあげる姿は対象児が限定されるようなものにならないようにすることも大切です。

（佐藤　淳穂）

子育てに関する悩み「発達について」

129

やりたいことに向かって

　夏休みが終わりました。子どもたちはご家族でご旅行に行かれたり、さまざまな体験をしたりして、楽しんだことでしょう。その経験を2学期からの園生活に生かしてくれればと思います。

　「幼稚園教育要領」に「幼児期の終わりまでに育ってほしい姿」が10項目示されています。①健康な心と体、②自立心、③協同性、④道徳性・規範意識の芽生え、⑤社会生活との関わり、⑥思考力の芽生え、⑦自然との関わり・生命尊重、⑧数量や図形、標識や文字などへの関心・感覚、⑨言葉による伝え合い、⑩豊かな感性と表現です。

　たとえば、夏休みの経験は⑤の社会生活との関わり「家族を大切にしようとする気持ちをもつとともに、地域の身近な人と触れ合う中で、人と様々な関わり方に気付き、相手の気持ちを考えて関わり、自分が役に立つ喜びを感じ、地域に親しみをもつようになる。また、幼稚園内外の様々な環境に関わる中で、遊びや生活に必要な情報を取り入れ、情報に基づき判断したり、情報を伝え合ったり、活用したりするなど、情報を役立てながら活動するようになるとともに、公共の施設を大切に利用するなどして、社会とのつながりなどを意識するようになる」という資質・能力を育むことになるとわかります。もちろん、他の項目も関連しています。2学期の活動では育ってほしい姿の10項目を意識しながら、指導を進めていきます。

　10月の運動会では、①健康な心と体「充実感をもって自分のやりたいことに向かって心と体を十分に働かせ」られるように、練習を積み重ねていきます。子どもたちが楽しい園生活を送れるよう、2学期もよろしくお願いいたします。

ポイント解説

　夏休み明けに、夏休みの旅行や体験などをどのように2学期からの園生活に生かしていくかを伝えます。2学期からの活動が「健康な心と体」をどういった観点から育んでいくのかを「幼稚園教育要領」から伝えます。

(1) 伝えたいこと

　「幼稚園教育要領」の「幼児期の終わりまでに育ってほしい姿」の10項目は年間を通して、どこかの行事に合わせて保護者に伝えておきましょう。そして、夏休みの経験はどの項目に該当するのかを解説します。幼稚園内外のさまざまな環境のなかで園児がどう育っているのかを認識してもらいます。また、たとえば2学期の行事の運動会では、「健康な心と体」をどのように育てていくのかを伝えます。

(2) 工夫点

　「幼児期の終わりまでに育ってほしい姿」①健康な心と体、②自立心、③協同性、④道徳性・規範意識の芽生え、⑤社会生活との関わり、⑥思考力の芽生え、⑦自然との関わり・生命尊重、⑧数量や図形、標識や文字などへの関心・感覚、⑨言葉による伝え合い、⑩豊かな感性と表現の10項目を示します。

　そして、2学期の行事に向けて期待していただくとともに、行事への協力をお願いします。

(3) 注意すべき点

　ただ10項目を示すのではなく、園での活動や行事がどの項目にあたり、どのように資質・能力を育てていくのかを、分かりやすく伝えましょう。　　（本間 基史）

健康・安全「健康な心と体」

心と体を自分でコントロールするために必要な体験

　就学前の教育・保育の施設が、子どもたちの保育をするうえで指針とする教育・保育要領というものがあります。そのなかには健康も大きな柱の一つとなっています。健康と聞くと多くの方が、健やかな体をイメージすることが多いのではないでしょうか。走る跳ねる屈む這うといった大きな体の動き、投げる漕ぐ道具を使うといった体を調整する動き、細かさや慎重さを求められる細かな動き、乳幼児期にさまざまな体の動きを遊びのなかで体験することが必要です。ケガもつきものです。大きなケガをしないためにも、小さなケガをしっかりと経験しておくことは実はとても大事なことです。

　体ももちろんですが、「健康な心」もとても大事になってきます。まずは不安なく過ごせるようになる。それは、安心できるヒトとモノができることです。安心できないと、遊びは広がらないですし、給食はおいしくないし、思っていることを言うこともできません。生まれたときには快と不快しかなかった感情が、成長とともにさまざまな場面での人との交流を通して喜怒哀楽をはっきりと意識できるようになり、さらには嫉妬や罪悪感などといった社会的な感情をもつようになります。

　心も体も、大人が経験してほしいことだけを並べて置いたとしても、健康に育つわけではありません。一見すると健康ではないようなものでも、さまざまな経験とそれに伴う感情をしっかり体験しておくことが、感情をコントロールできるようになるために必要です。体に関しても危険を察知してそれをかわしたり、近づかないなどの選択をしたうえで、安全に遊べる見通しを立て自ら遊びを決め、そこで求められる体の動かし方を選択していくようになっていきます。

　毎日楽しく過ごしながら、身も心もさまざまな体験をすることが、とても重要になってきます。

ポイント解説

(1) 伝えたいこと

　子どもによりよい環境を整えることは、教育・保育の施設を運営する者の責務です。しかし、いくらこちらがよいと思う環境だけを整えても十分ではないことも知っておくといいでしょう。常に理想にはなり得ないという意味だけではありません。プラスの経験だけでなく、子どもにとってマイナスの経験も含めて心と体にとっては大事な経験となります。わざわざケガをさせたり、子ども同士を揉めさせることを願うわけにもいきませんので、避けることのできない意図できない環境とでも言いましょうか。そこからも子どもたちにとっては大事な経験ができるのです。

(2) 工夫点

　幼児期の終わりまでに育ってほしい10の姿で「健康な心と体」が話題になるときに、おおむね健康な体についての話に終始しがちです。心と体の関係性はここでの議論ではありませんが、イメージとしては健康な心の上に健康な体が載るような、土台のようなイメージがわかりやすいと思います。あえて健康な心にも意識を向けたいと、体の話と心の話を両方盛り込みました。

(3) 注意すべきこと

　大きなケガをしないためにも小さなケガをしっかりと経験しておくことは大事、このことをしっかりと念頭に意識しておかないと、過度に安全を求めるために子どもに外で遊ぶことややりたいことを極端に制限する保育となってしまいかねません。一方で大きなケガにならない環境をいかに整えていくかも、園全体として取り組むべき課題です。子どもにとっても保育者にとっても安心できる環境を園内研修などを通してつくりあげ、定期的に見直していくことも必要ではないでしょうか。

（興水　基）

健康・安全「健康な心と体」

空腹と心を満たすお弁当

　連休明けから、年少組でもお弁当が始まりました。「見て、サンドイッチ！」「ミートボールが入ってるよ」と、次々お弁当のアピールが始まります。みんなとっても嬉しそうに食べていますよ。

　年中組ではお弁当の当番活動が始まり、元気な声で「失礼します。やかんを取りにきました」と挨拶をし、学級まで慎重に運んでいきます。お当番のリードで「いただきます」の挨拶をして食事が始まると、楽しく語らいながらホッと一息つき、午後の遊びへのエネルギーを満たしていきます。

　年長組では、去年の年長さんからもらったスイカの種を植えました。そのせいか、今子どもたちは種への興味がいっぱいです。家で食べたまるごと１個分のメロンの種をもってきて、友だちと何個あるか数えたり、お弁当に入っているイチゴやキウイフルーツの種に気付き、真剣な表情で採ろうとしたりしている子もいます。

　文化人類学者の石毛直道氏は、「人間は共食（きょうしょく）をする動物である」と述べています。生きるための本能として、食物を口にする行為は動物も人も変わりませんが、手づくりの食事や弁当を、家族や友だちとともに楽しく食べることは、つくってくれた人の愛情や、ともに食べる相手との関わりの質も食べていると言えるでしょう。食べ物に興味をもって関わることは、やがて命をいただいて生きていることへの気付きとなっていくはずです。人間だけがこの精神的・文化的営みを日々繰り返しているのです。

　お弁当箱の蓋をあける瞬間、子どもたちは必ずつくってくれた人の顔を思い浮かべます。空腹だけでなく心も満たすお弁当の時間……園では、日々楽しく美味しく食事をしながら、「食」への関心・感謝を深めていきたいと思います。

ポイント解説

コロナ禍のなかで、食事の時間も黙食の日々が続いています。それは自分と人を守るために重要なことですが、子どもたちがそれを理解して黙って食事をする姿は健気に映ります。早く、本来の楽しい食事時間に戻りたいと切に願います。

近年、「孤食」も課題となるなかで、生きる土台となる「食」について、お弁当、給食、それぞれの特徴を生かしながら、その大切さを伝えていきたいものです。

(1) 伝えたいこと

お弁当は、保護者の協力が不可欠です。子どもたちの日々の様子を通して、食事のもつ意義や、お弁当づくりの尊さを伝え、子どもたちの体と心を育むお弁当づくりの応援となるようなメッセージを発信していきたいと考えます。

日々繰り返される食事を通して、「命」あるものをいただいて生きていること、「食」への関わりから多様な知識や心情を育むことができることを伝え、「食育」を家庭と園の両方で行うことの意義を伝えていきたいと思います。

(2) 工夫点

食事は人間にとって精神的・文化的な営みであることを伝えるために、石毛直道氏の「人間は共食をする動物である」という言葉を引用しました（補足資料参照）。「共食」とは、家族や仲間とともに食事をいただくことですが、つくってくれた人への感謝や食事をする相手との心理的な距離も近くなるなど、関わりの質も一緒に食しているととらえました。

(3) 注意すべき点

お弁当づくりは得意な人、不得意な人がいます。お弁当の中身についてこうするべきという言及は、つくる意欲に関わってくるのでここでは避けたいと考えます。

保護者会や個人面談などのさまざまな機会と併せて家庭と連携していきましょう。

(4) 補足資料

石毛直道「人間は共食する動物である」『国立民族学博物館研究報告別冊16』1991年、石毛直道退官記念講演より。　　　　　　　　　　　（粂原 淳子）

おおきくなるっていうことは

　健康な心と身体を手に入れるためには、規則正しい生活リズム、栄養のバランスの取れた食事、そして十分な睡眠と適度な運動が必要です。しかしながら、待機児童対策としてつくられた保育園などでは、園庭がない場合もあり、日常の遊びを通して適度な運動を行うことがむずかしい環境もあります。当園は都会の真ん中に位置していながら、おかげさまで大きな園庭を確保することができています。園庭の真ん中に大きな土管があって、築山もあり、至る所に木々が茂り、そこから流れる川が池に繋がり、その池の中には鯉が住んでいる、自然を感じられる環境になっています。さらにその横には数々の運動動作を刺激する大型遊具が設置されています。

　タワーマンション上層階からエレベーターに乗って1階に降り、エレベーターホールの横にある自転車置き場から電動自転車に乗せられて目的地まで向かい、ようやく自分の足で歩くような都会の生活のなかで、子どもたちの体幹や体力が自然と向上することはあり得ません。生活環境と完全に切り離した意図的な環境のなかで、私たちは子どもたちの健康へのアプローチをかけています。そしてまた、禁止ルールばかりで子どもたちの活動を制限し、経験不足に陥らせてしまうのではなく、大きな自由のなかで活動を見守り、子どもたち一人ひとりの判断能力を高めていく意図もその背景には据えています。まさに絵本に書かれた「おおきくなるっていうこと」を園内で体験することを大切にしてるのです。

　「おおきくなるっていうことは　まえよりたかいところに　のぼ
　　れるってこと
　　おおきくなるっていうことは　たかいところから　とびおりら
　　れるってこと
　　それもそうだけど　とびおりても　だいじょうぶかどうか
　　かんがえられるってことも　おおきくなるっていうこと」。

ポイント解説

　時代の変化のなかで、子どもたちが自ら身体を動かして自然のなかで遊ぶ機会がとても減っています。

(1) 伝えたいこと

　ただ生活しているだけでは運動面での経験不足に陥りがちな都会の生活において、主体的な活動から得られる経験を通して子どもたちが自分自身で高さ、速さ、強さといったことを身をもって知っていくことが、危険察知・回避能力に結び付いているという考え方を保護者と共有します。

(2) 工夫点

　目で見て分かるような環境の仕掛けをつくることに加えて、環境構成の意図をこのような文章で保護者に発出することが、園の教育方針や環境に対する深い理解に繋がります。

(3) 注意すべき点

　"小さなケガが大きなケガの予防になる"ということを園として伝えたいのですが、保護者のなかには「ケガをすることを肯定している」というような誤った解釈をされる方もいます。あくまでも日々の生活のなかでの経験の積み重ねによって子どもたちの危険察知・回避能力が向上するために、小さなケガをつくるようなつまづく経験が必要であることを共通理解できるよう発信することが大切です。土の上でたくさん転ぶ経験がアスファルトの上で転ばないための経験として必要なのです。

(安家　力)

〈注〉
　中川ひろたか・文、村上康成・絵『おおきくなるっていうことは』童心社、1999 年。

健康・安全「安全」

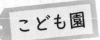

命を守る

　保育実習やボランティアにくる学生に、私が決まって聞くことがあります。それは、「保育の仕事をしていくうえで、一番大切なことは何だと思いますか?」ということです。「やさしさ」「思いやり」「一人ひとりの思いを大切にすること」などさまざまな答えが返ってきます。どんな答えであってもいいとは思うのですが、私としては、そのなかでも一番大切にしなくていけないのは「命」であるというお話をしています。保育者が、どんなにすばらしい保育を展開しようとも、目の前にいる子どもたちの「命」が保障されていなければ、何の意味もありません。

　私が命を守るというとき、それは、単に生きているということではなくて、大きなケガや心の傷を負うことなく健康に過ごせる環境を保障するということも含んでいます。ただ、そのなかでも、やはり、まずは命の宿る体の安全を保障することは、最も大切であると思っています。そうはいっても、子どもたちは、成長する過程でさまざまな冒険に挑みたがりますし、友だち同士のけんかが激しいものになってくると手や足が出てしまうこともあります。どこまで、子どもたちに挑戦をさせるか、けんかをどこまで見守り、どこで仲裁に入るかは、保育者がいつも慎重に判断しなければならないポイントでもあります。

　お子さんの命をお預かりするという私たちの責任は本当に重いということを、私たちはいつも確認しあいながら仕事をしています。それでも、行き届かない点や、保護者の皆さんが疑問に思うことなどありましたら、お声がけください。保護者の皆さんと私たち職員は、力を合わせて前向きに子育てをしていくパートナーですので、対立するということではなく、穏やかに意見を交換しながら、子どもたちが育っていくための環境を整えていくことができればと考えています。

ポイント解説

　子どもたちの成長にとって、さまざまなことを体験することは大きな意味を持っています。一方で、そこに安全性が確保されることは、大前提となります。園がそのことを認識し、その意義を保護者にしっかり伝え、理解を得ながら、日々の保育にあたりたいものです。

(1) 伝えたいこと

　保護者のなかには、子どもたちがさまざまなことに挑戦し、いろいろな経験を積むことが望ましいと考える人もいれば、過保護に思えるほど、ちょっとした冒険でも心配になってしまう人もいます。そこで、両者に対して園の活動を理解してもらうために、安全が第一であることと、安全を確保したうえでの体験活動などの重要性を伝えたいと考えています。

(2) 工夫点

　直接、保護者を例に出すのではなく、保育経験のない実習生やボランティアの視点をとりあげながら、それとは異なる保育者の姿勢を表現し、子どもたちの園生活をどのようにとらえているかを示してみました。

(3) 注意すべき点

　園の考え方を示すことは重要ですが、それに違和感を持つ保護者がいないとは限りません。そんなときでも、保育者と保護者が相互に理解を図りながら、穏やかにコミュニケーションをとっていけるよう、保護者の気持ちを受け止める姿勢を示すことも重要だと考えています。

(深町　穣)

健康・安全「安全」

139

先生が大好き、保育園は楽しい

　今月から０歳児クラスに新しい赤ちゃんのお友だちが３人増えました。家族と離れた初めての集団生活に、赤ちゃんたちも少し緊張していましたが、２週間たってだいぶん慣れてきたようです。

　担任の先生は、赤ちゃんが泣いたら抱っこしてあやして「何か気持ち悪いのかな？」とおむつを確認し、濡れていたらおむつを替えます。生活リズムには気を付けつつ、眠たいようなら寝かしつけ、それぞれの子が落ち着いた時間を過ごせるようにしています。機嫌のいいときは手遊びや絵本で遊んだり、おもちゃを並べて、赤ちゃんが自分の好きなものを選んで遊んだりできるようにしています。

　私が０歳児のクラスをのぞきにいくと、赤ちゃんたちは「誰か知らない人が来たよ」というような、不思議そうな顔をして担任の先生の顔をちらりと見ます。先生が「大丈夫よ」というように微笑んであげると、また安心して遊びを続けます。このような、温かいかかわりのなかで子どもたちは「担任の先生が大好き。保育園は楽しい」という気持ちを育んでいきます。

　発達心理学者のエリクソンという人は、この気持ちを「基本的信頼」と呼び、将来、お友だちと仲良くしたり、いろいろなことをがんばったりする土台として大切なことだと言っています。

　０歳児クラスの赤ちゃんたちは園で、身近な大人が信じられることを学ぶという大事な経験をしています。

　初めて赤ちゃんを預けるご家族は心配だと思いますが、安心して預けてくださいね。一緒に子育てをしていきましょう。

ポイント解説

　初めて保育園に子どもを預ける保護者は、心配な気持ちでいっぱいです。保育園は信頼できることを伝えましょう。そして保育園は「専門性のある子育ての協力者」であるというスタンスを伝え、保護者と協力し合える関係性をめざします。

(1) 伝えたいこと

　保育園で子どもが大切にされていること。そして、保育園では子どもをただ預かっているのではなく、その生活自体が良質な幼児教育であることを伝えます。保育園はただ子どもを預かるサービス業ではなく、専門性を持った幼児教育機関の一つであることは常に園全体で意識したいところです。

(2) 工夫

　専門用語やその概念は、誤解せずに分かりやすく使えるといいですね。目的はあくまで「保護者の信頼を得ること」そのために、専門用語は自分なりに咀嚼して、この園の保育にその概念が息づいていることを子どもの姿とともに伝えます。

(3) 注意

　専門用語やその概念を使うときは、その用語が言われている原典を一度確認できるといいと私は思っています。誰かの立場で解釈された内容の理解だけでは誤解を伝えてしまうかもしれません。

（山本 ユキコ）

〈参考文献〉
　E・H・エリクソン著、西平直・中島由恵訳『アイデンティティとライフサイクル』誠信書房、2011 年。

子どもの成長を見守ること

　新年度が始まり、4ヵ月が経ちました。園生活にも慣れ、ここまでの数ヵ月はクラス担任や友だちとの信頼関係が育まれる大切な期間であり、これからの活動意欲につながる種まきをする時期でもあります。まわりから聞こえてくるセミの声にこたえるように、帽子をかぶり、元気よく園庭に飛び出す子どもの姿に、私たちは日々、安らかな喜びを感じています。活気あふれる子どもたちはこの夏、水遊び・プール遊びなど、五感を通した多くの経験により、一歩一歩成長していくことと思います。

　そのような園生活において、ここ数年にわたる「新しい生活様式」により、まわりの大人のマスク姿を子どもたちはどのように感じているのでしょうか。

　現在、少しずつ、幼児教育にかかわるコロナ禍のマスク着用についての弊害が研究されつつあります。マスクで隠れている部分の顔の表情は本来、子どもが相手の感情を理解するうえで、見えていることがとても重要です。相手の言葉、声のトーン、口の動き等、視覚、聴覚を統合しながら、相手の心情を想像したり、共感、共有したり、表情を読むことがコミュニケーションにつながります。

　発達段階にある子どもの学びの機会が、数年間の変化によって、損なわれている現状について、今後、子どもの人との関わりにどのような影響としてあらわれるか、保育現場でも懸念されています。だからといって、現状において、保育者がマスクを外すことを推奨するものでもありません。今、できることは何かを保護者の皆様とともに、子育てについて考えていく機会としたいと思っています。

ポイント解説

　1年間のなかでの子どもの活動や季節に合った内容をふまえて、今、幼児教育で課題となっていることに園全体で注目し、子どもの発達について、ともに考え、知っていただく機会とすることが大切です。

(1) 伝えたいこと

　今後の保育、教育のなかで課題となってくるのではないかと思われる問題を身近に感じていただくことが大切です。そして、子育てをするなかで、何か困っていること、相談したいことを気軽に話し合うきっかけづくりとし、子育て支援や保護者との関係づくりのための情報として伝えていきます。

(2) 工夫点

　現場ではどのような取り組みをしているかに触れることにより、保育方針等もふくめて、どのようなねらいを持って保育を進めているかを伝えていくことが大切です。

　保育、教育の観点から、保育現場から情報発信していくことで、保護者の方にも保育、教育に関して興味を持っていただけるようにし、子どもの発達について分かりやすく説明することをめざします。

(3) 注意すべき点

　問題を提起しただけに終わらず、問題解決として、まだ研究途中であることから、今後の子どもたちの成長をともに見守っていくという姿勢を示しつつ、研究が進むなかで、その情報を引き続き伝えていく必要があると考えます。　　　　（森田　麗子）

〈参考文献〉
　「脳発達の専門家に聞く、大人のマスク着用が6才までの子どもに与える影響」『たまひよ』Benesse、2021 年 1 月 12 日。

注目の能力「人に対する基本的信頼感の獲得」

大切に培います、生き抜く力

　新年を迎える前に大掃除をしました。そこで、「子ども会」の劇で使った大道具も解体することになりました。そのなかで一人浮かない表情をしているのはA君です。

　A君は「子ども会」で「ドクターヘリ」（患者を緊急搬送するためのヘリコプター）に乗務する救急救命医の役をしました。A君は「ドクターヘリ」が大好きです。グループの友だちと協力して、実際に子どもが4人も乗れる、「ドクターヘリ」をつくりあげました。ですからこれを解体することはA君にとって、とても辛いことなのです。「もう少し、とっておいたらどうかな？」とグループの友だちに提案しますが、その声は周りの友だちには届きません。

　いよいよ解体が始まりました。A君はていねいに部品をはずします。時折、はずした部品を見つめながら動きを止めることも。

　それを見たBさんがA君に「ドクターヘリにお別れの言葉を書いてあげようか」と言って機体に鉛筆で「どくたあ　さよなら」と書きました。少しして決心がついたのでしょうか、A君も鉛筆を手に、たどたどしく、ゆっくりと書いた言葉が「ばいばい」。その様子をずっと見守っていた担任はA君の背中にそっと手を置きました。

　困難な状況で、自分はどのように振舞えばよいのか。自分の気持ちを大切にしながら、周囲の人の気持ちや出来事と折り合いをつけるためにどうしたらよいか。そのようなことを判断して行動することは、人が生きていくうえでとても重要です。「周囲と折り合いをつける」「人を思いやる」「集中する」「粘り強く取り組む」などの力は、知識を獲得する認知能力とは違い、非認知能力と言われます。

　非認知能力は小学校以降の教科学習の基盤です。園では日常の遊びや生活を通してそれらを獲得していくことを大切にします。

ポイント解説

　非認知能力や社会情動的スキルは、人が生きていくうえで、とても重要であると注目されています。それらは主に幼児期に培われるとも言われています。

(1) 伝えたいこと

　非認知能力や社会情動的スキルは、教科による学習のように教えられて身に付くものではなく、幼児が周囲の人や物や出来事とかかわるなかで、さまざまな感情を実体験しながら少しずつ備わっていくものであることを伝えたいと思います。

(2) 工夫点

　本例では、幼児が自分の思いと周囲の状況とのはざまで、どのように折り合いをつけようかと葛藤する様子が読み手に伝わることを願いました。幼児の発言や表情や動きなどをできるだけ具体的に記述することで、状況が目に浮かぶように工夫しました。

(3) 注意すべき点

　さまざまな感情を体験することが重要であることは前述しました。さまざまな感情とは「うれしい」「楽しい」「おもしろい」といった快感情だけでなく、「悲しい」「悔しい」というような負の感情も含まれます。ただ単に体験すればよいというわけではなく、そのような場面では必ず幼児の思いや考えを受け止めることで、幼児がその状況を乗り越えることができるように配慮しているという、園の姿勢を理解していただけるようにしましょう。また、幼児が葛藤を体験するような場面を扱うときには、幼児の人権にも配慮した表現方法に留意しましょう。　　　　　（仙田　晃）

注目の能力「非認知能力・社会情動的スキル」

145

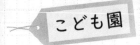
遊びを通じて身につける力

　このところ毎日のように、5歳児クラスの子どもたちがいろいろな相談ごとを抱えて事務所を訪れてくれます。どうやら、すてきなプロジェクトがいくつも同時進行しているようです。

　あるグループは自分たちで火を熾して野外炊事に挑戦しようとしています。まずは安全に焚き火をするには何を準備したらいいのかと相談を受けたので、私も話し合いに参加しました。別のグループはイスやテーブルをつくって、そこで食事をとりたいのだそうです。大工道具の安全な使い方を確認したり、材料をどうやって調達しようかと話し合いが繰り返されています。

　子どもたちの好奇心や探求心は尽きません。4・5歳になると、簡単には目的に到達できないことに粘り強く挑戦したり、一つの目標に向かってお友だちと協力する姿が見られるようになります。子どもたちなりに、相談したり交渉したりできるようにもなります。このような、目標を達成するための忍耐力や、他者との協働を支える社交性や、失敗にくじけず意欲的に活動を続けるための楽観性・自信のことを社会情動的スキルといいます。非認知能力と表現されることもあって、数値化して評価したり、それだけを個別に伸ばすのがむずかしい能力とされています。

　子どもが自分の潜在能力を十全に発揮し、将来に渡って幸福な人生を自ら切り開いていく力の基盤となるものです。子どもたちが興味を持ったものに没頭したり挑戦できる環境をつくったり、自分の考えを表明したり誰かの思いに耳を傾ける場を整えるために、保育者もまた試行錯誤し、話し合いを重ねています。保護者の皆さまも、子どもたちの発見や挑戦や創意工夫に心を躍らせてくださると、私たちの励みになります。

ポイント解説

　社会情動的スキル（非認知能力）は、幼児期・児童期に育てるべき資質・能力として世界的な関心を集めています。多様で変化に富んだ環境に柔軟に適応し、目的に向かって粘り強く取り組み続ける力の大切さを保護者とも共有する必要があります。

(1) 伝えたいこと

　社会情動的スキルは、非認知能力と表現されることもあるように数値化などを通して客観的に評価することが困難な能力ですが、保育者や保護者による観察は有効だとされています。園での生活や遊びを通じて保育者が読み取った成長・発達を保護者と共有することが重要となります。

　大人が主導する取り組みよりは、むしろ子どもたちが自ら周囲の環境に働きかけ、試行錯誤や協同の過程で葛藤を乗り越えていくなかに、社会情動的スキルを獲得・伸長させる機会が多く含まれるという共通認識を築くことが大切です。

(2) 工夫点

　子どもたちが展開する具体的な遊びや、そこに至る話し合いの様子などを描写し、保護者がお迎え時に目にする光景や、子どもたちとの会話によって抱いているイメージを想起させることで、日々の生活や遊びのなかで社会情動的スキルが育まれることの理解を促しています。

　子どもたちの気づきや、そこから生まれたアイディアを保育者が尊重し、実現に向けて協力体制を築く姿を共有することで、家庭における保護者からの関わりのあり方の提案としています。

(3) 注意すべきこと

　社会情動的スキルは複雑で、保育者にとっても保護者にとっても理解がむずかしい概念です。短文で網羅的に紹介しようとするよりは、具体的なエピソードの例示や、公開保育・保育参加などの機会と併せて繰り返し紹介することで、理解を深めるように働きかけたほうがよいでしょう。

（中村　章啓）

好奇心、探究心、協調性

　６月初旬から継続している色水遊びには、子どもたちにとってたくさんの学びがあります。先日、Ａちゃんが、友だちと同じ花びらを使ってつくった色水の色が違うことに気付き、「私のは薄いけど、Ｂちゃんのは濃い」と伝えました。「どうしてかな？」と投げかけたところ、「Ｂちゃんは、ちょっとずつ水を入れてた」「水が少ないと、色が濃くなるんじゃない？」「明日、やってみよう」と、友だちと一緒に考えました。翌日、さっそくに水の量を変えて試したところ、「やっぱり水をたくさん入れたら色が薄くなった」「先生、見ててね。ほら、大成功！」と喜ぶ姿が見られました。

　色水遊びを継続してきたからこそ、色への関心が高まり、同じ花を使っても、できる色水の色に違いがあるおもしろさを感じました。その好奇心が土台となり、水の量が関係しているのでは、と友だちと考えを深め、試して遊ぶ探究心へ広がりました。先生が、色の濃さは水の量で変化するんだと伝えず、あえて「どうしてかな」と投げかけたことも友だちと一緒に考えるきっかけとなりました。

　このように、興味や関心をもった遊びにじっくりと取り組むことで、芽生える好奇心や探究心、友だちとの協調性などは、「学びに向かう力」いわゆる非認知能力として、これからの時代に生きる子どもたちにとって大切な力とされています。幼児期に遊びを通して「学びに向かう力」を育むことで、小学校教育以降の、自ら学ぼうとする学習態度や文字・数・表現する力などにもつながることもわかっています。ご家庭でも、大人がすぐに手を貸すのではなく、お子様が試行錯誤している時間を大切にしてあげましょう。お子様が困っていたら、一緒に考えたり、考えが深まるような言葉を投げかけたりするといいですね。

ポイント解説

　園庭の草花を使った色水遊びを通して、不思議だな、おもしろいな、やってみたいなと心を動かし、自分なりに試してみたり、友だちと一緒に考えたりしている姿から読み取れる、学びに向かう力について取りあげています。

(1) 伝えたいこと

　まずは、子どもの意欲を尊重すること、興味や関心をもっている遊びにじっくりと取り組む時間と場など環境を整えることで、探究しようとする力や自ら取り組もうとする力を育んでいることを、園での様子を通して知らせていかなければなりません。そして、幼児期に培ったこの力が、小学校や中学校の学習での学ぶ意欲となり、認知能力の向上につながることを伝えていきたいです。文字を書く、計算をするなど、文字や数などの学習に目を向ける保護者は多く、幼児期から学ばせようとする様子が見受けられます。認知能力に意識がいきがちであるため、幼児期にどのような力を育むことが大切であるかを、しっかりと伝えていきたいです。

(2) 工夫点

　学びに向かう力を育むためには、保育者や友だちだけでなく保護者の関わりも重要です。家庭でもできることを具体的に知らせ、家庭との連携を図っていきたいものです。

　ここでは取りあげていませんが、幼児期に培った非認知能力が、認知能力の向上につながるという研究や調査結果などを具体的に記すのも、保護者に効果的だと思われます。

(3) 注意すべき点

　それぞれの保護者の子育てについての考えを否定するのではなく、幼稚園と家庭とが連携していくことで、子どもの育ちを共有していけるという視点で、幼稚園の教育内容を知らせていきたいです。　　　　　　　　　　　　　　　（木下 和美）

マジックハンドみたいにつくりたい

　昼間の日差しに少しずつ春の気配を感じる頃となりました。2月初めには5歳児が「お店屋さんごっこ」を行い、4歳児、3歳児を招待して一緒に遊びました。お店で売っていたケーキやたこ焼き、オムライス、ハンバーグなど、どれも本物のような出来栄えで驚きました。

　さて、地域の方を招く体験が急遽、映像を使った体験となった日のことです。遊戯室で映像を映したスクリーンを片付けていると、Dさんがその仕組みに興味をもって見ていました。棒が数本つながり、マジックハンドのように上下してスクリーンを開閉する仕組みです。Dさんは、保育室に戻ると、折紙を丸めて棒状にしたものを4本つくり、担任のところに行き、「ここに穴を開けてほしいんだけれど」と考えを伝えました。担任は、そばで見ていたDさんに「ここでいいかな」と確認しながら、棒の片端と真ん中に目打ちで穴を開けていきました。Dさんは穴を開けてもらうと、モールとハサミを持って机に向かい、ていねいに穴の中にモールを通して行きます。Dさんの様子に興味をもった友だちが、近くに集まって見守っています。時間をかけながら一つひとつ確かめるようにつなげていくDさん。4本の棒が交差するようにつなげられると、2本を持って動かし始めました。周りの友だちから「Dさん、すごい。動かせるようになっている」と驚きの声があがりました。「園長先生、見て」と目を輝かせながら飛んできて動かして見せてくれました。「Dさん、すごい。動かせるようにつくったのね」と言うと、笑顔でうなずくDさん。その後、再度、同じものをつくり始めました。できあがると動かして見せてくれました。「園長先生にあげる」の声に「えっ、つくってくれていたの」と言うと「そうだよ」と自信に満ちていました。身近なものの仕組みを考え、創造力を働かせ、つくりあげるという学びに向かう力が育っているのです。

ポイント解説

　2月末となり5歳児にとっては卒園間近の時期です。友だちと協力しながらやり遂げた「お店やさんごっこ」では、本物のような物をつくり、小さいクラスの子どもたちとの関わり方を考えて進められるようになっています。そのようななかで、自分の興味をもったことを追求し、創造力を働かせながらつくりあげていくという「学びに向かう力」が育まれています。

(1) 伝えたいこと

　5歳児の卒園間近の時期にどのような力が育まれてきたのか、小学校就学を前に不安を抱く保護者も見られます。

　こども園での遊びや生活を通して育まれてきた「学びに向かう力」について、具体的な様子を通して伝えていくことが大切です。むずかしいことにも挑戦する、粘り強くやり遂げようとする、友だちの応援や保育者の見守り、支えにより乗り越えていくことができるようになっていることを伝えることで、これから迎える小学校就学についても、わが子の成長を信じ、安心感をもてるようになるでしょう。

(2) 工夫点

　3月の園だより冒頭に「春の気配を感じる頃」と季節に触れることで、わが子の成長を思い浮かべることへの流れができていきます。

　言葉だけでは十分に伝えきれない様子について、写真を掲載することでより具体的で分かりやすくなります。写真は顔が写らない角度での撮影をしておきます。

(3) 注意すべきこと

　今回の内容は、個人に視点が当たっているため、事前に当該園児の保護者の方に取り組みの様子を伝え、成長を共感することが大切です。そのうえで、園だより掲載について了解を得ておく必要があります。もちろん、個人が特定されるような掲載の仕方は、個人情報保護の観点からも避けなければなりません。（小島　喜代美）

注目の能力「学びに向かう力」

いつでもご相談ください

　長い夏休みがいよいよ始まります。休み中は毎日お子さんと向き合い、三食食事をつくり、たくさんの家事をこなす保護者の皆様から「夏休みなんてなければいいのに」という声をよく聞きます。

　子育てをしていると、やるべきことがたくさんあるのに子どもたちがいろいろな姿を見せ「なぜ忙しいときにこんなことをするのだろう」「言うことを全然聞いてくれない」など、怒りたくなることも多くあるのではないでしょうか。

　子どもたちにとっては、家庭が一番安心できる場所です。家庭で緊張してよい子でいて、外でわがままし放題では、その後の社会生活をさまざまな人とともに力を合わせて行うことがむずかしくなります。

　安心できる家族のもとで、園で初めての社会生活をスタートさせ、さまざまに刺激を受けて考え行動している子どもたちは、実は心も体もとても使っており、子どもがそういう姿を見せるときは保護者に向かって「大好き！」と言っているのと同じです。「ああ、また甘えたいんだな」「話を聞いてほしいんだな」と思って対応しましょう。

　いけないことをしたときは、その行為をしかり、本人自体を責めるしかり方は避けましょう。感情に任せて子どもを怒鳴ったり叩いたりすることは、子どもの心に大きな傷を残します。叱られている内容が分からず、保護者の方の愛情が自分にないと思い、ますます気を引くためにさまざまなことをするようになります。

　子育てに悩みはつきものです。苦しくなったら、ぜひ担任や園長・副園長（主任）にご相談ください。いつでも話を伺います。一緒にどうするとよいのか考えていきましょう。保護者の方が元気でいることが、子どもたちの元気の源です。そして、子どもはいつも保護者の方と一緒に楽しく仲良く過ごしたいと思っているのです。

ポイント解説

　虐待はどこに潜んでいるか分かりません。また、虐待をしてしまう保護者は、本人もつらい状況にいることが多いものです。まずは、子育てに悩みがつきものだということを知り、園にSOSが出せるように、保護者を受け止める姿勢を見せていきます。

(1) 伝えたいこと

　子どもがけんかをしたりわがままを言ったりすることは当然であり、それに対して怒鳴ったり叩いたりすることはかえって子どもも言うことを聞かなくなり子どもに愛情が伝わらないことを知らせ、温かく対応する姿勢を具体的に伝えます。また、いけないことをしたら行為をしかり、本人自体を責めるしかり方は効果がないことを伝えます。

　虐待という言葉をいきなり提示すると、保護者は園側の教職員を警戒し、本音を話せなくなり、家庭の状況を把握しにくくなるので、文書のなかに表記することは避けます。園は子どもの通う場所ではありますが、子育てをしている保護者の味方でもある、ということが伝わるようにし、受け止める温かい雰囲気を感じ取れるようにします。

(2) 工夫点

　どの保護者も子育てに悩んでいる、自分だけではないと感じられるようにすることが大切です。そのことから、自分の辛さや苦労を話しやすくします。辛さが話せるようになると、かなりの抑止になります。

(3) 注意すべき点

　正面から虐待はいけないことだと正論をぶつけても、本人も分かっていてもやむなくしてしまう、やめられないなどのことが多いのが実情です。まずは、虐待防止のために、個々の保護者の子育ての様子を知ることが一番です。手紙だけでなく、各家庭の様子や子どもとの関わり方を見ていきます。

　保護者の育児の辛さを受け止め、話を聞き味方になるスタンスでいることを知らせ、SOSが出しやすいようにします。　　　　　　　　　　　　　（鳥居　三千代）

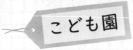

子育ての悩み抱え込まずに

　夏休み中、さまざまな子どもが犠牲になる事故や事件がありました。その報道を見るにつけ、胸が押しつぶされる思いがいたしました。

　とくに周りの大人の不適切な養育によって子どもが被害にあうなどということは、あってはならないことです。

　先日スーパーで買い物をしているとき、2歳くらいの子どもを連れたお母さんを見かけました。赤ちゃんを抱っこしていて、さらに子どもを連れての買い物はさぞたいへんでしょう。その子どもはお母さんの言うことを聞かず、お菓子をねだっていました。お母さんの表情や口調からはイライラした感情が伝わってきました。

　このようなことは、子育てをしていれば日常的に起こることです。

　よく寝てくれない、食べてくれないなど子育てに悩んでいたり、保護者自身が体調不良などで育児や仕事が思うとおりにできず、苛立ちや葛藤を抱えていたり、仕事などが忙しく疲れがたまっていたりして、それを子育てのなかでぶつけてしまうという経験も、その後、自己嫌悪に陥った経験も、誰にでもあることではないでしょうか。

　子育ては思いどおりにならないことのほうが多いです。また、子育て中はこれまでと生活のパターンが変わり苛立ちも感じやすくなります。悩んだり、不安に思ったり、落ち込んだりして当たり前です。

　そのようなときは、とにかく、誰かに助けを求めることが必要です。助けを求める人は、誰でもいいのです。パートナー、親戚、近所の方、行政、お医者さん、そして、こども園。

　こども園は、お預かりしている子どもたちだけではなく、保護者の皆さんのことも支えられる存在でありたいと思っています。保護者の方が安心して悩みを相談することのできる子育てのパートナーとして頼りにしていただける存在になりたいと思います。

ポイント解説

(1) 伝えたいこと

虐待は子どもにとって一番愛されるはずの親や身近な人から暴力やネグレクトなどを受ける、本当にあってはならないことです。しかし、どんなに愛情深い保護者であっても、子育て中には、不安や苛立ちを感じないことはないでしょう。それほど子育ては思いどおりにならない、悩み多きものだからです。

とくに今、コロナ禍にあって、家庭で過ごすことが多くなり、保護者の方もストレスや不満がたまってきています。このような状況下で、虐待の件数は増加してきています。

今回は、どのような親も、子育ての不安や悩み、苛立ちはあるもの、として、

○そんなときにはSOSを発信しましょう

○幼稚園は保護者の皆さんのことを支えていきます

という2点を伝えたいと考えました。

(2) 注意すべきこと

虐待については、細やかな配慮が求められます。園の保護者のなかには実際に悩んでいたり、または手が出てしまっていたりする方もいるかもしれません。その保護者に対して、刺激しないように、またその方たちへのメッセージとして伝わるように、内容や文言の使い方などには十分に配慮しましょう。　　　　（和田　万希子）

子育て世代のつながり

　皆さんが子育てに迷ったとき、悩んだとき、誰に相談していますか？　幼稚園生活のスタートや公園デビューなどに保護者の皆さんが気軽に話せる相手やお友だちをつくることは、たいへんなことですね。

　最近、核家族化が進み、子育て経験のある祖父母が身近にいない、コロナ禍で外へ出る機会も減り、人と関わる機会が持てずにいるという皆さんも多いのではないかと思われます。

　しかし、同じような年代の子育てをしている人同士がつながることは子どもの社会性を育むうえでもとても大切なことです。子どもは親の姿を見て育つと言われています。自分の親が友だちの親と楽しそうに会話をしている姿を日常的に見ている子どもは、人と人がかかわることは楽しいことだと感じ、人との関わりの大切さを学ぶよい機会となるからです。

　先日、幼稚園に園児を送ってきた母親が、同じクラスのお母様と会話をしていました。「今日はお弁当、食べられるかしら」「私も心配、うちの子、少食で好き嫌いも多くて、今日は好きなものしか入れなかったわ」「うちも同じよ、嫌いなものは入れないでって言うのよね」「そろそろ嫌いな野菜とかも少しずつ入れようと思ってるわ」「そうね、幼稚園でお友だちと一緒なら食べてくれそうな気がするものね」と。

　このような日常会話ですら、話をしているうちに子育てのヒントを得たり、同じ年代の子どもに共通することを見付けたり、安心したりするものです。今、地域では子育て広場や子育てサロンのような場の充実を図っています。子どもが健やかに育つためには、周りの大人、地域の方々等、多くの人と接することが大切です。勇気を出して一歩踏み出してみましょう。

ポイント解説

　近年、核家族化が進み、保護者の孤立化、保護者の孤独感が増加していると言われます。

　そのことは、「子育て」にも影響が出ており、子どもの虐待や育児ノイローゼにつながったりしている例も少なくありません。同年代の子どもを持つ親同士が園の送迎や保護者の園での活動などでつながり、同じような悩みをざっくばらんに話せる環境づくりが求められています。

（1）伝えたいこと

　「子育て」の悩みを持っているのは自分だけではなく、ほとんどの親が悩みを持っていること、また、ほとんどの親が他の人とつながりを持ちたいと思っていること等を知らせ、そのような場を幼稚園でつくりたいというメッセージを発信することが大事です。また、人と人のつながりは「子育て」にとっても大事なことであり、それは、子どもの社会性を育むうえでも必要なことであることを伝えます。幼稚園生活のスタートとともに、親にとっても子育てのスタートであることを伝えるようにします。

（2）工夫点

　文例では、臨場感を考えて保護者の会話をできるだけそのままの形で再現しています。

　また、園にはさまざまな保護者の参加できる活動があることを知らせ、積極的に参加するように促すようにします。

（3）注意すべき点

　「子育て」の悩みを持っている親が自信喪失感を持つことがないように言葉を工夫するようにすることが大事です。また、いつでも幼稚園は「子育て」相談に応じる体制をとっていることも併せて知らせるようにします。

　幼稚園のPTA活動の案内、子育て相談の案内等も準備し活用していきたいものです。

（山形　美津子）

社会問題「保護者の孤立化」

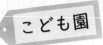

孤育てから子育てへ

　少子化や核家族化が進み、子育てに関する孤立感を感じる人が増えているなか、子育ての悩みをインターネットの子育てサイトなどで調べて、答えを見つけようと試みる人は少なくありません。答えらしきことにたどり着けることもあれば、必死で調べてもしっくりした答えにたどり着けないこともあります。しかしよく考えてみると、子育ての悩みに正解のような解決策はあるのでしょうか。

　以前教育懇談会をしたとき、この日は保護者同士で日頃の子育ての悩みについて考えるワークショップ形式で行ってみました。付箋に普段つい言ってしまう子どもへの一言と題して書きながら模造紙に貼っていき、その言葉に「そうそう分かる」「私も同じこと言っちゃう」など共感する声が多く聞かれました。そして次にその否定的に言ってしまう言葉を肯定的に言い直したらどんな言葉？とリフレーミングしてまた付箋で貼っていくと「なるほど」「この言い方いいね」と多様な人たちとのコミュニケーションを通して、新しい気づきがありとてもよい雰囲気で終了しました。

　終了後「いろいろな人の話が聞けてよかった」「またこのような機会があったら参加したい」との声が多数フィードバックされました。このように子育て中の悩みが出たとき、「自分だけじゃない」と思えることが孤立感から解放され、自分だけでは気づけなかった思考に出会うことができるのではないでしょうか。自分だけではないと気づけたときの肩の力が抜けていく感覚をぜひ味わってほしいと思います。

　園ではいろいろな機会に保護者の方同士が話をできるような、さまざまなボランティア活動、図書係、教育懇談会等の場面の提供や、個別の子育て相談などを通して「孤育て」が「子育て」になるように子育て支援を行っています。それぞれのご家庭に合わせてご活用ください。

ポイント解説

　幼保連携型認定こども園は多様な保護者が利用している施設なので、それぞれの人が自分に向けられている言葉だと感じられるように意識して発信しています。保護者同士の繋がりについても、第二子の保護者と第一子の保護者では保護者同士の繋がりが大きく異なりますし、すでに十分繋がりのよさを感じている人がいる一方で繋がりを避けている人もいます。繋がりたいけれども機会がないという人もいます。そのような多様な人たちにとって、具体的な場面を話題にしながら、人とつながることのよさが感じられるような内容にします。

(1) 工夫点

　誰もが1度や2度は子育てについてネットで情報を集めたことがあるだろうということを想定して、冒頭にネットのことを話題にし、多くの人がテーマに興味を持てるような構成にしました。各園の保護者の現状と傾向をよく把握し、現状に合わせた内容が有効であり、保護者の共感を得ることができると考えます。

(2) 注意すべき点

　注意すべきことは、人とのつながりが苦手であったり、個別で支援が必要なご家庭だったりする保護者もいることも視野にいれて、園側の支援が一つではないということをしっかり明示することです。なぜなら、子育て環境は非常に多様化しているため、すべての利用者へ届く文章でないと、かえって孤立感を生んでしまうことが考えられるからです。ですから、園としては、一人も取り残さない子育て支援をしているというメッセージを示すことで、保護者との信頼関係を築き、孤立化を防ぐことにつながると考えます。

（石阪 恒子）

社会問題「保護者の孤立化」

「小１プロブレム」の予防

　昨今、非常に問題となっている「小１プロブレム」をご存知でしょうか。

　「小１プロブレム」とは、小学校の入学直後、学校の生活になじめず落ち着かない状態が数ヵ月以上続くことをいいます。授業中にもかかわらず、教室内をウロウロと歩き回ったり、勝手に外に出てしまう等、学校生活に適応できずにいるのです。

　実は、この問題は就学前段階に要因があるのではないかと、たくさんの研究がなされています。これらの研究から、基本的生活習慣⁽¹⁾の獲得がなされていない子は、就学後に不適応状態を示す率が高いことが分かっています。基本的生活習慣とは、「保育所保育指針」では、食事・排泄・睡眠・着脱衣・清潔といった５項目で見ています。この五つが生きるための最低限のことで、自分でできる力として基本的生活習慣と呼ばれるものです。乳幼児期の基本的生活習慣は、引きこもりの種を撒かないためにも大切な要素でもあるといいます⁽²⁾。

　また、基本的生活習慣を３歳までに獲得した子どもの論理的思考の高さも分かってきました⁽³⁾。論理性はビジネスマンとしての年収の高さ等を競う際に引き合いに出されている能力でもあります。

　こういったたくさんの事例から、「基本的生活習慣の自立は乳幼児期における最重要課題」といわれています。しかも、基本的生活習慣においては、中高生では不登校問題、大人ではウツといった精神障害の問題にも直結します。子どもたちが小学校以上の社会で生きにくくならないためにも、そして心と体を健やかに育み、人生を幸せに生きていくためにも、この乳幼児期（０〜６歳）に基本的生活習慣を応援してあげましょう。

ポイント解説

（1）伝えたいこと

　乳幼児期における基本的生活習慣の自立は、非常に大切であり、その後の人生を左右するほどの重要性を持つこと。

（2）工夫点

　基本的生活習慣の獲得とは、以下の5項目を自分でできるようにすることです。保護者の方に自分でできるとは具体的にどういうことかを明示しておく必要があります。

①食事：偏食せず、小学校就学までに20～30分目安に自分で食べることができると、小学校生活が円滑に進みます。

②睡眠：全米睡眠学会が出した理想的な健やかな心と体に必要な睡眠時間は、3～5歳児は11時間～13時間です。

③排泄：自分で行きたいときに行けて、処理もできることが必要です。

④着脱衣：体操着への着替えを5～6分で行い、着替えたものをたたんで管理するまで一連の応援をしておくことも必要です。

⑤清潔：自分の鼻水・口の周りの汚れ・手洗いなど、自分で気づいて清潔を保つ力をつけておくことが必要です。

（3）注意すべきこと

　基本的生活習慣は、ご家庭との連携により実現可能であり、ご家庭と園とが子どもの生活のなかで応援していくべきことであるという自覚を両者で確認することが必要です。

（伊能　恵子）

〈注〉
（1）　京都府教育委員会「学校不適応の未然防止のために」2018～2020年、他。
（2）　森本邦子『脱引きこもり――幼児期に種を撒かないために』角川SSコミュニケーションズ、2009年。
（3）　ベネッセ教育総合研究所「幼児期の家庭教育調査・縦断調査」2013年。

社会問題「小一プロブレム」

成長のスピード

　10月○日には無事、運動会を開催することができました。来賓の方々や地域の方からもすばらしい運動会でしたとおほめの言葉もいただきました。

　はじめの練習では、ゴールまでまっすぐ走れなかった○○組さんもしっかり走り、走り終わった後は順番に並ぶことまでできました。□□組さんは忍者になりきって演技ができました。△△組さんはフラッグを持って、隊形移動にフラッグのウエーブまで、さすがの年長の演技でした。なかにはいろいろ考えて一部、演技に参加しない子もいましたが、いいんです。本園は無理強いしないで、できるまで待ちます。焦らせません。

　子どもたちの成長のスピードはまちまちです。大人はつい自分の都合で「早く、早く」と子どもを急かしがちです。子どもは子どもなりに、自分で考え、納得するまで動かなかったり、理解するのに時間がかかったりします。お着替えに時間がかかる子、ものをつくるのにじっくりと考え、時間がかかる子、自分の思いを口に出すのに時間がかかる子。でも大人が見守ることによって、いろいろなことができるようになっていくのです。小学生のような絵、大人のような絵を描くことができるのがいいことではないのです。そのときの発達段階しか描けない絵があります。表現があります。年少から年長までの３年間を見通した、一人ひとりの成長のスピードに寄り添った教育を進めていきたいと思います。皆様のご理解、ご協力をお願いします。

ポイント解説

　幼稚園でも発達に課題がある園児が増えてきました。とくに運動会などの集団行動を伴う行事では顕著な差が見られるケースもあることでしょう。必要であれば個別に関係機関と連携を図っていくよう伝えていきますが、園だよりでは、一人ひとりの子どもの成長のスピードに寄り添った教育を進めていくことを伝えます。

(1) 伝えたいこと

　運動会について地域の方や来賓の方からの声を紹介します。練習の過程から各学年の演技の振り返り、また、みんなと同じように演技ができなかった園児がいても、子どもの成長のスピードは一人ひとり違い、幼稚園では個々の発達段階に合わせて指導していることを伝えます。みんなと同じように動けなかった子どもの保護者の不安を解消してあげることが大切です。

(2) 工夫点

　特別な支援が必要な子どもに対して、急かしてはいけないこと、子どものリズムに合わせて見守ることの大切さを伝えます。「演技に参加しない子もいましたが、いいんです。本園は無理強いしないで、できるまで待ちます」と保護者を勇気づけられるようにします。また、運動だけではなく、表現活動の絵を描くことについても、発達段階を超えた小学生のような絵がよいわけではなく、そのとき、そのときしか描けない絵が貴重だということも伝えます。

(3) 注意すべき点

　発達に課題がある子どもについては、年少から年長までの3年間を見通した、長いスパンで対応していくことと、関係機関との連携も大切です。また、幼小の連携も不可欠なので、適切なタイミングを見極めて保護者に必要なことを伝えていきましょう。

（本間　基史）

◆編者プロフィール◆

中山　大嘉俊（なかやま・たかとし）

1955年、大阪市生まれ。大阪教育大学卒業、大阪教育大学連合教職大学院修了。大阪市立小学校教諭として3校勤務（大阪教育大学内地留学生、大阪市教育センター所員を含む）。教頭2校後、大阪市教育委員会指導主事、総括指導主事。大阪市教育センター主席指導主事を挟み、校長3校（最終校：幼稚園長兼務）を経て、武庫川女子大学特任教授。主な著作に「連載：トラブルの芽を摘む管理職の直覚」（『リーダーズ・ライブラリ』Vol.1-12、ぎょうせい、2018-2019年）、「学級経営力を高める」（大脇康弘編著『若手教師を育てるマネジメント』ぎょうせい、2019年）、『子供と保護者とクラスをつなぐ！学級通信の編集スキル&テンプレート』（明治図書出版、2019年）他多数。

保育園・幼稚園・こども園
1年間の園だより巻頭言実例72

2023年1月5日　第1刷発行

編集	中山大嘉俊
発行人	福山孝弘
発行所	株式会社教育開発研究所
	〒113-0033　東京都文京区本郷2-15-13
	TEL03-3815-7041　FAX03-3816-2488
	https://www.kyouiku-kaihatu.co.jp
	E-mail sales@kyouiku-kaihatu.co.jp
装幀	佐久間誉之
本文デザイン	shi to fu design
印刷所	中央精版印刷株式会社
編集人	山本政男

ISBN978-4-86560-562-4　C3037